현대 신학 이야기

차례
Contents

03 현대 신학 이야기를 시작하면서

07 제1부 20세기 전반기의 신학

08칼 바르트 : 하나님 말씀의 신학자 27폴 틸리히 : 경계선상의 신학자 41디트리히 본회퍼 : 우리 시대의 예수 그리스도의 증인

57 제2부 20세기 후반기의 신학

5820세기 후반기 신학의 주요 특징 65해방 신학 : 출애굽의 하나님, 해방의 하나님 74과정 신학 : 변화의 하나님 87생태계 신학 : 생명의 하나님

92에필로그

현대 신학 이야기를 시작하면서

현대 신학은 현대, 곧 20세기 이후의 신학을 뜻한다. 좀 더 정확하게 말하면 독일의 칼 바르트(Karl Barth)가 쓴 『로마서 강해』 초판이 발간된 1918년 이후부터 오늘날까지의 신학을 가리키는 말이다. 이 책에서 나는 현대 신학의 주요 인물들과 운동들 몇 가지를 간단하게 소개하고 그것이 우리에게 가지는 의미를 찾아보려고 한다.

현대 신학에 대한 세 가지 생각

먼저 구체적인 내용에 들어가기 전에 현대 신학을 둘러싼 몇 가지 오해에 대해 생각해 보도록 하자. 그 첫 번째 오해는 현대 신학은 너무 어려워서 도대체 무슨 말인지 모르겠다는 것이다. 현대 신학의 난해함을 말해주는 재미있는 이야기가 하나 있다. 로마 가톨릭 교회에 어려운 문제가 생겨서 신부들이 하나님의 뜻을 묻기로 하고 모두 기도에 들어갔다. 하지만 아무리 기도해도 하나님의 뜻을 알 수 없었던 그들은 신학자 칼 라너(Karl Rahner) 신부를 찾아가 하나님의 뜻을 알아달라고 부탁을 했다. 라너는 이 부탁을 받아들여 기도를 하러 들어갔고 신부들은 그가 하나님의 뜻을 깨닫고 나올 때까지 밖에서 기다렸다. 잠시 후 그 기도실에서 누군가가 밖으로 뛰쳐나왔는데 뜻밖에도 그것은 라너가 아니라 하나님이었다. 그리고 하나님은 머리를 흔들면서 이렇게 말씀하셨다. "라너가 무슨 말을 하는지 도무지 알 수가 있어야지."

실제로 현대 신학은 쉽지 않다. 그것은 현대 신학이 깊은 인문학적 지식을 배경으로 하고 전개되고 있기 때문이기도 하고, 우리에게 소개된 신학, 특히 서구 신학이 학문성을 추구하다 보니 어렵게 된 탓도 있다. 하지만 또 다른 면에서 보면 현대 신학 사상이 어렵게 보이는 이유 하나는 오늘의 한국 교회가 신앙과 사고의 단순주의(simplism)에 빠져 있기 때문이 아닌가 싶다. 즉, 다수의 한국 그리스도인들이 즉각적 감동을 주는 설교나 인생의 문제에 대해 손쉬운 답을 주는 책에 길들여져 있기 때문에, 어느 정도의 연구와 사색을 요하는 현대 신학이 어렵게 느껴지는 것이다. 하지만 믿음의 길은 진지한 것이며 예수 그리스도의 복음 역시 진지한 것이다. 성경은 삶의 문제를 붙잡고 성실하게 질문하는 사람에게 그 비밀스런 속내를 드러낸다. 물론 신학자들이 일반인들에게 다가갈 수 있도록 쉽게 글을 써야 하겠지만 독자들 역시 좀더 진지한 책읽기를 해야 하지 않겠는가 생각해 본다.

현대 신학에 대한 두 번째 오해는 그것이 위험하다는 것이다. 이런 생각은 일부 교회 지도자들이 제대로 살펴보지도 않은 채 현대 신학 일반을 신신학 혹은 자유주의 신학이란 말로 매도하여 왔기 때문에 더욱 심화되었다. 물론 잘못된 가르침이 성도들의 영혼을 해치고 교회를 어지럽게 하는 경우가 분명히 있다. 하지만 현대 신학은 일부 목회자들이 말하듯이 그렇게 위험한 것이 아니다. 정말로 다룰 가치가 있는 제1급의 신학자들은 모두 진리에 대한 열정과 하나님과 교회에 대한 사랑을 가지고 신학을 한 분들이었다. 또한 현대 신학에 설령 위험한 부분이 있더라도 그것은 비판적 읽기를 통해 극복해 가야 할 성질의 것이지 회피할 성질의 것은 아니다. 우리는 오직 문제를 직면할 때만 배울 수 있고 성장할 수 있기 때문이다. 신학자들의 책을 읽고 배우는 것은 그들을 통해 말씀하시는 하나님을 존중하는 신앙적 행위일 것이다.

현대 신학에 대한 세 번째 오해는 그것이 신앙생활에 별다른 도움이 되지 않는다는 것이다. 실제로 많은 현대 신학자들, 특히 서구 신학자들은 오늘날 한국의 교회와는 상당히 다른 상황에서 신학 작업을 해왔기 때문에 그들의 관심사와 문제의식이 오늘 우리들의 관심사와 반드시 일치할 수는 없으며, 이 점에서 우리는 그들의 사상을 비판적으로 검토할 필요가 있다. 하지만 다른 면에서 보면 현대 신학이 제기하는 문제들은 오늘 우리가 인간이자 그리스도인들로서 가지고 있는 문제들을 심층적으로 다룬 것 이상도 이하도 아니다. 따라서 제대로 이해하기만 하면 그 질문들은 교회와 개인의 신앙을 더 풍요롭고 올바르게 할 수 있는 것들이다. 필자가 신학교 다닐 때 친구 한 명이 한 이야기가 생각이 난다. "정말로 신앙적 고민이 있는 사람은 기도원을 가기보다 신학 공부를 하게 된다." 여러 해 동안 신학을 공부했고 이제는 가르치는 자리에 있으면서도, 그가 참 통찰력 있는 친구였다는 생각을 이따금 하게 된다.

어떻게 다룰 것인가

현대 신학은 무척 방대하다. 이 작은 책으로 그 모든 것을 다룰 수 없기 때문에 여기에서는 먼저 20세기 전반기의 대 신학자인 칼 바르트와 폴 틸리히, 그리고 그들보다 한 세대 뒤의 신학자로 1950년대 이후의 세계 신학계에 큰 영향을 미친 디트리히 본회퍼를 소개할 것이다. 그 다음 20세기 후반기 신학의 주요한 특징들을 지적한 다음, 그 대표적인 신학 운동으로서 해방 신학, 과정 신학, 그리고 생태계 신학을 살펴볼 것이다. 마지막으로는 앞으로의 세계 신학이 어떻게 전개될 것인지 간략하게 전망하고자 한다. 먼저 20세기 전반기 신학의 거인 칼 바르트부터 살펴보자. 그는 어떤 사람이었으며, 무엇을 말하고자 했을까?

제1부

20세기 전반기의 신학

칼 바르트 : 하나님 말씀의 신학자

칼 바르트(Karl Barth, 1886~1968)의 생애와 신학

20세기 개신교 신학자들 중 가장 영향력 있는 학자를 한 명만 꼽으라면 아마도 독일과 스위스에서 활동했던 칼 바르트일 것이다. 바르트 신학에 대한 평가는 사람마다 다를 수 있으나 적어도 그가 20세기의 가장 중요한 신학자 중 한 명이라는 점에 대해서는 이론의 여지가 없다. 바르트를 높게 보는 사람들은 그를 어거스틴, 토마스 아퀴나스, 루터 그리고 칼빈에 비길 만한, 아니 어쩌면 그보다 더 중요한 신학자로 간주한다. 무엇보다 20세기 신학이 그로부터 시작되었다는 데서 그의 신학사적 중요성을 짐작할 수 있다.

바르트는 1886년 5월 10일 보수적 입장을 가지고 있던 신학자 요한 프리드리히 프리츠 바르트(Johann Friedrich Fritz Barth)와 그의 아내 안나(Anna Barth Sartorius) 사이의 첫째 아들로 태어났다. 그는 어린 시절과 청년기를 베른(Bern)에서 보냈고, 18살이 되던 1904년에 신학 공부를 시작해, 베

하나님 말씀의 신학자 칼 바르트.

른 대학과 베를린 대학 그리고 튀빙겐 대학에서 계속 수학했으며, 1908년 마르부르크 대학에서 신학석사학위로 공부를 마쳤다. 학창 시절에 그는 당대의 신학계를 주도하고 있던 자유주의 신학의 대가들인 아돌프 본 하르낙, 빌헬름 헤르만에게 배웠는데 특히 헤르만은 아주 오랫동안 그의 사상에 영향을 미쳤다. 공부를 마친 후 1909~1911년에 스위스 제네바에서 부목사로 활동했고, 1911~1921년 사이의 약 10년 동안 스위스 아르가우 지방의 자펜빌이라는 작은 마을에서 목사로 일했다. 이곳에서 그는 자본가들의 착취로 인한 노동자 계층의 비참함을 목도하면서, 자연스럽게 사회 문제에 몰두하게 되었다. 이때 그는 복음을 정치적으로 해석하여 복음서가 말하는 하나님의 나라를 사회 정의와 평등이 실현되는 현실적인 나라로 이해했고, 그리스도의 복음의 정신으로 그 지역의 불평등한 현실을 바꾸려고 하였다. 이런 노력 가운데 그는 그 지역의 공장

주나 자본가로부터 빨갱이 목사(red paster)라는 비판까지 듣게 되었다.

하지만 시간이 지남에 따라 바르트는 그가 배운 자유주의 신학의 한계를 절감하게 된다. 19세기 독일에서 꽃핀 자유주의 신학은 인간 중심적이며 이성적이고 역사 내재적인 신학이었다. 그것은 인간의 종교성과 경건 그리고 도덕적 능력과 문화 창조 능력을 중요하게 여긴 반면, 하나님의 거룩성과 영광 그리고 인간의 죄악에 대한 하나님의 심판은 말하지 못하였다. 특히 자유주의 신학은 성경을 하나님의 말씀이라기보다 인간의 종교 경험이 표현된 책이자 인간 사회에 필요한 윤리적 원칙을 제공해 주는 책 정도로만 간주하였다.

하지만 바르트는 이런 신학과 성경 이해로는 설교를 제대로 할 수 없음을 인식하였다. 이 당시 그의 평생의 친구였고 역시 설교 문제로 고심하고 있던 투르나이젠(Eduard Thurneysen)과 주고받은 편지에서는 설교자로서의 고민과 한계를 피력하는 내용이 계속해서 나타난다.

오늘 두 번째 설교를 하기 전에 나는 창문 너머로 자펜빌의 주민들이 교회로 오는 대신 홀가분하고 한가롭게 이곳저곳 걸어 다니는 모습을 보았네. 나는 그들이 왜 그러는지 알고 있다네. 비록 이론적으로는 그들이 그들의 죄인 됨과 하늘의 기쁨에 대하여 들어야 한다고 생각하지만 말일세. 나는 아직 그들이 반드시 들어야 한다고 말할 수 없네. 심지어

내가 그것을 정말 원하고 있는지도 모르겠네. 그리고 그동안 사람들은 평상복을 입은 채 한가롭게 이곳저곳을 다닐 충분한 권리가 있는 것일세.

이처럼 목회자로서 자유주의 신학의 한계를 깊이 인식하고 있던 바르트에게 하나의 충격적인 사건이 일어난다(이 일로 인해 그는 결정적으로 자유주의 신학과 결별하게 된다). 1914년 7월 28일 당시 독일의 황제인 빌헬름 카이저 2세는 오스트리아의 황태자 부부가 보스니아에서 암살된 것을 빌미로 제1차세계대전을 일으켰다. 이것은 유럽의 민족주의 갈등이 폭발한 것으로서, 아무런 명분도 정당성도 찾을 수 없는 비도덕적인 전쟁이었다. 그러나 당시 독일의 대표적인 지성인 93명은 이 잘못된 전쟁을 지지하는 지성인 선언(Manifesto of the Intellectuals)을 발표하였고, 그 속에는 놀랍게도 바르트의 학창 시절의 스승들을 포함한 당시 독일의 자유주의 신학자들 대부분이 들어 있었던 것이다. 40여 년이 지난 어느 날 바르트는 당시를 이렇게 회고하였다.

나는 1914년 8월의 어느 날을 깊은 어둠의 날로 기억한다. 93명의 독일 지성인들이 빌헬름 2세와 그 추종자들의 전쟁 정책을 공개적으로 지지한다고 선언한 것이다. 너무나 놀랍게도 나는 이 지성인들 속에 내가 크게 존경했던 모든 선생님들이 포함되어 있는 것을 발견하였다.

젊은 목회자 바르트는 이 사건을 통하여 19세기 자유주의 신학에는 더 이상 미래가 없음을 확인하였다. 자유주의 신학자들의 윤리를 따를 수 없다면 그들의 성경과 역사에 대한 이해 그리고 신학체계 역시 따를 수 없음을 깨닫게 된 것이다. 이 충격으로 인해 그는 그가 배운 것을 모두 뒤로 던져버리고 성경과 신학의 역사를 처음부터 다시 공부하기 시작하였다. 그리고 그 가운데 그는 자유주의 신학이 학문적인 신학이란 이름 아래 오랫동안 무시하고 있던 하나님의 말씀을 재발견하면서 신학의 첫 출발점을 "하나님이 말씀하신다(deus dixit)"는 데에 놓았다.

성경을 통해서 살아 계신 하나님의 음성을 들으려고 한 바르트의 시도는 『성서 안의 새로운 세계』(1916)와 그 뒤를 이은 『로마서 강해』 초판(1919)으로 표현되었다. 그런데 바르트를 일약 유명하게 만들고, 또한 새로운 신학 운동의 중심으로 만든 것은 1921년에 출판된 『로마서 강해』 2판이었다. 이 책은 2년 전에 나온 『로마서 강해』 초판과는 완전히 다른 책으로서, 여기에서 바르트는 "하나님과 인간은 질적으로 완전히 다르다. 하나님은 인간에게 결코 범접할 수 없는 분이며 그가 나타날 때 인간은 근본적인 위기에 빠질 수밖에 없다. 하나님은 인간에게 움켜쥔 주먹, 사방이 막힌 불벽처럼 임하며 이런 하나님이 나타나실 때 인간의 모든 경건과 종교성 그리고 윤리적 성취 등은 모두 죄악된 것으로 심판받을 수밖에 없다"며, 19세기 자유주의 신학을 통렬히 비판하였다.

바르트의 이런 주장은 당시의 독일 신학계를 주도하고 있던 자유주의 신학에 엄청난 충격을 가져왔으니 로마 가톨릭 신학자 칼 아담은 그것이 마치 신학자들의 놀이터에 폭탄을 떨어뜨린 것과 같았다고 하였다. 바르트 자신도 그 책이 가져온 파장에 대해 말하였는데, 그 당시의 자신은 "어두운 밤 교회당의 계단을 올라가다가 우연히 손에 잡힌 교회 종의 줄을 잡아당겨 마을 사람들 모두의 잠을 깨운 사람과 같았다"고 회고하였다.

어쨌든 바르트의 『로마서 강해』 2판은 새로운 신학이 시작되었음을 알리는 신호탄이었으니, 자유주의 신학을 대신할 새로운 형태의 신학이 필요함을 느끼고 있던 에밀 브룬너, 투르나이젠, 고가르텐, 루돌프 불트만, 폴 틸리히 등의 젊은 신학자들이 바르트를 중심으로 한데 모이게 되었다. 하지만 이들은 자유주의 신학은 더 이상 미래가 없다는 문제의식은 공유했지만, 그 지향하는 신학이 서로 달랐기 때문에 곧 각자 다른 길을 향하여 떠나갔다.

『로마서 강해』 초판과 2판으로 인해 일약 유명 인사가 된 바르트는 독일의 루터파 신학교인 괴팅겐 대학의 신학 교수로 초빙을 받아 목회자 아닌 신학자의 길을 걷게 된다. 하지만 당시의 그는 교수직을 감당할 만한 준비가 되어 있지 않았다. 자유주의 신학은 논박하였으나, 그것을 대신할 새로운 신학은 아직 전혀 형성하지 못했던 그는, 매번 강의 때마다 힘겨운 싸움을 해야만 했으니, 이런 모습은 투르나이젠에게 보낸 다음의 편지에서 잘 나타나고 있다.

나는 새벽 세 시에 다음 날 아침 언약에 대한 강의를 위해 써두었던 내용이 무의미하며 위험할 정도로 잘못된 가르침임을 깨닫게 되었지. 그래서 아침 여덟 시에 강의를 취소할 수밖에 없었다네.

개혁주의 전통에 서 있던 바르트는 개혁 교회에서 자유주의 신학을 대신할 새로운 신학의 내용을 찾았다. 그는 개혁 교회의 창시자인 칼빈과 츠빙글리 및 그 대표적 신조인 하이델베르크 신조를 연구하였고, 특히 17세기의 신학자 하인리히 헵페의 개혁주의 교의학에서 성서 중심적이며 그리스도 중심적인 신학체계의 가능성을 보았다. 1925년, 그는 본 대학의 교의학 및 신약성서 주석학 교수로 초빙을 받았고, 1930년까지 이 학교에 머물면서 논문집인 『신학과 교회』(1928) 『기독교 교의학 개요』(1927) 등을 포함한 네 권의 책을 출판하였다. 특히 『기독교 교의학 개요』에서 그는 인간의 자연적인 능력으로 어느 정도의 신 인식이 가능하다고 가르치는 로마 가톨릭의 자연 신학(natural theology)과 인간의 종교성과 경건 및 윤리적 능력을 신학의 출발점으로 삼는 자유주의 신학을 모두 반대하고, 신학은 철저히 교회 안에 주어진 하나님의 말씀에 근거하고, 또한 거기서 출발하여야 함을 강조한다. 이런 주장은 지난 200여 년 동안의 독일 신학 전통을 완전히 뒤집고 새로 시작하는 것이었다. 이와 같은 바르트의 새로운 신학에 대한 모색은 중세 신학자인 안셀무스의 신학 방법론에 대한 연구인『이해를 추구하는 믿음 Fides Quaerens Intellectum』(1931)에서 그 결실을 얻게 되었다. 이 책에서 그는 신학이란 모름지기 하나님의 계시에서 출발해야 하며, 계시를 있는 그대로 진술(description)하는 과제를 가진다고 주장하였다. 또한 신학은 교회 안에서 이루어져야 하는 교회의 학문이자 하나님의 말씀에 집중하는 학문이며, 그리스도에 대한 믿음으로 시작하고 믿음에 의해 진행되는 학문이라고 하였다. 이 책은 라틴어가 무수히 등장할 뿐 아니라 내용도 아주 어려워서 많이 읽히지 않았다. 하지만 이 책이야말로 바르트의 가장 중요한 저서 중의 하나로서, 이 책에서 정립한 신학 이해와 방법론 덕분에 바르트는 (시간상으로) 거의 36년 동안 계속되었고(1932~1968), (분량상으로) 무려 9,400여 페이지에 달하는 그의 대표작인『교회 교의학』을 쓸 수 있었던 것이다.

바르트의 생애에서 반드시 거론해야 하는 것이 히틀러의 나치 독일에 대한 그의 저항 운동이다. 제1차세계대전에 패하고 베르사유 조약을 통하여 연합국 측에 엄청난 전쟁 배상금을 물어주게 된 독일은 감당하기 어려운 경제적 부담과 죄책감 그리고 수치감을 떠안게 되었다. 전후의 독일은 수십 퍼센트에 이르는 실업률과 살인적인 인플레, 무엇보다 미래에 대한 깊은 불안과 절망으로 인해 나라 전체가 파멸의 늪에 빠져 들고 있었다. 이런 가운데 히틀러가 나타나 독일 민족의 우수성과 사명을 말하면서 미래의 새로운 청사진을 제시하자 독일인들은 거기에 걷잡을 수 없이 빨려 들어갔다. 1930년의 제국 의회에서 히틀러의 나치스 당은 12석에서 107석으로 늘어났고, 1932년 선거에서는 271석을 차지하여 압도적인 지배당이 되었다. 마침내 히틀러는 같은 해 1월 30일 바이마르 공화국을 종결시키고 독일 제3제국의 총통 자리에 오르게 되었다. 당시 대부분의 독일인들은 히틀러가 제시하는 장밋빛 미래에 매료되어 히틀러를 '무너진 독일을 재건할 메시아'로 받들어 추앙하였다. 그 가운데 1933년 2월 27일 국가 의사당이 불에 탔다. 다음 날 아침 히틀러는 '국민과 국가의 보호를 위한 국가 원수의 포고'를 통하여 헌법에서 보장된 모든 언론과 집회 및 교통, 통신의 자유를 제한할 수 있다고 선포함으로써 절대 권력을 손에 쥐게 되었다. 하지만 다수의 사람들은 한편으로는 질서와 안전에 대한 욕구 때문에, 다른 한편으로는 무질서에 대한 공포 때문에 이 포고를 환영하였다. 교회 역시 마찬가지여서 히틀러를 제2의 구원자로 고백하는 신학이 소위 독일 그리스도인(Deutsche Christen)들 사이에 유행하였다. 즉, 당시 상당수의 독일 교회는 하나님은 온 인류의 영적인 구원을 위해서는 예수 그리스도를 주셨고, 정치·경제적인 구원을 위해서는 히틀러라는 또 하나의 구원자를 주셨다는 잘못된 신학을 지지하고 있었던 것이다. 신학교 역시 마찬가지였다. 1930년 연말경 『기독교 세계 *Christliche Welt*』라는 잡지는 "거의 모든 신학생들이 나치스이고……프로테스탄트 신학생들의 약 90%가 강의실에서 나치스의 상징을 가지고 있다"고 보고하고 있다. 1933년 4월 7일 히틀러는 저 유명한 아리안 입법(Aryan Legislation)을 통과시켰다. 이 법은 유대인들이 가지고 있던 모든 공적인 권한과 자격을 박탈하는 법으로서, 이 법이 발효됨과 함께 유대인들은 그들이 속한 직장과 일터에서 속속 쫓겨나게 되었다.

하지만 독일의 모든 교회가 한 목소리로 히틀러를 지지한 것은 아니었다. 1933년 1월 11일 한스 아스무센을 지도자로 한 알토나(Altona) 목회자 신앙고백서가 나와서 히틀러와 독일 그리스도인 운동을 비판하였고, 같은 해 3월 8일에는 오토 티벨리우스 감독의 "그의 목회자들에게 보내는 편지"가, 9월 21일에는 마르부르크 대학 신학 교수단의 '아리안 조항'에 대한 반대 성명이 나왔다. 이 밖에도 10월 21일에는 마르틴 니묄러 목사의 지도 아래 '목사 긴급 동맹'이 형성되면서, 히틀러와 독일 그리스도인 운동을 반대하는 소위 고백 교회 운동은 급물살을 타기 시작하였다.

이런 혼란과 무질서의 소용돌이 속에서 바르트는 자연스럽게 고백 교회의 중심인물로 부상하였다. 히틀러 운동의 초기부터 예언자적인 눈으로 이 운동의 악마적이며 우상 숭배적인 본질을 꿰뚫고 있었던 그는 여러 대중 강의와 설교를 통하여 그 위험성을 고발하고, 유대인 축출의 부당성을 호소하였다. 또한 친구인 투르나이젠과 함께 『오늘날의 신학적 실존』이란 잡지를 창간하여 히틀러와 히틀러를 추종하는 독일 그리스도인들을 비판하였다. 하지만 바르트의 반 히틀러 운동 경력 중 가장 중요한 것은 그가 바르멘 선언(Barmen Declaration)의 실질적인 작성자였다는 사실이다. 1934년 고백 교회는 히틀러와 독일 그리스도인 운동에 대한 신학적인 반대 선언을 하기로 결정하고 그 선언문의 작성을 바르트와 다른 두 명의 교회 지도자들에게 의뢰하였다. 하지만 이 선언문은 바르트가 홀로 작성하게 되어 그의 신학이 고스란히 반영되었으니, 이것이 그 유명한 바르멘 선언이다. 20세기의 가장 위대한 신앙 고백서 중의 하나이며 철저히 예수 그리스도를 중심으로 한 신학을 전개하고자 결단한 바르트 신학의 정화인 이 고백서는 이렇게 선포한다.

1. 우리가 들어야 하고 사나 죽으나 신뢰하고 복종해야 하는 단 하나의 유일한 말씀이 있다. 그것은 곧 성경에 의해 증거되는 예수 그리스도이시다.

교회는 이 하나님의 말씀 밖에 또 다른 사건들, 능력들, 형태들, 진리들을 하나님의 계시의 자원으로 선포할 수 있고, 또 해야 한다고 주장하는 잘못된 가르침을 우리는 거부한다.

2. 예수 그리스도가 우리의 모든 죄 용서의 보증이신 것처럼 그는 또한 우리가 삶 전체로 섬기고 따라가야 할 유일한 주님이시다. 그는 우리 전부를 요구하신다. 그 안에서 우리는 이 세상의 헛된 힘들로부터 해방의 기쁨을 맛본다. 따라서 우리는 우리 삶 속에 예수 그리스도에게 속하지 않은 다른 영역이 있다는 거짓 가르침을 거부한다.

당시 독일 그리스도인들은 히틀러와 독일 제3제국의 정체를 제대로 알지 못했다. 그 이유는 히틀러가 처음에는 교회의 친구로 다가왔기 때문이요, 또한 애국심 때문에 그들의 눈이 흐려졌기 때문이다. 뒷날 히틀러가 잔혹하게 유대인들을 죽이고, 또 제2차세계대전을 일으켰을 당시 이미 때는 늦어 교회는 더 이상 저항할 힘을 가지고 있지 않았다. 바로 이와 같은 혼란의 시기에 바르트와 몇 명의 교회 지도자들은 날카로운 신학적 통찰로 히틀러의 정체를 꿰뚫어 보면서 이 선언으로 교회의 방향을 잡아 주었던 것이다. 실상 평온한 때 교회는 신학의 필요성을 별로 느끼지 못한다. 하지만 교회가 혼란에 빠져 있을 때 신학은 교회의 나침반으로서 제 목소리를 발하게 된다. 철학자 칸트는 헝겊을 뚫을 때는 나무 송곳으로 충분하지만 가죽을 뚫을 때는 쇠 송곳이 있어야 한다고 했다. 이 점에서 보면, 칼 바르트와 (뒤에 다룰) 본회퍼 같은 신학자를 가지고 있었던 독일 교회는 히틀러라는 얼룩진 역사 속에서도 자랑할 것이 있는 교회라 할 수 있다.

하지만 히틀러와 나치당은 바르트를 그냥 두지 않았다. 당시 대학교수들은 수업을 시작할 때 히틀러 만세(Heil Hitler!)라고 외치도록 되어 있었는데, 바르트는 이를 거부하였고 총통에 대한 무조건적인 충성 서약도 하지 않았다. 결국 바르트는 대학교수직에서 쫓겨났을 뿐 아니라 독일 밖으로 영구 추방 명령을 받았다. 하지만 곧 스위스의 바젤 대학이 그를 불렀고, 이 때부터 1968년 세상을 떠날 때까지 바르트는 그곳에 거주하게 된다. 이 기간 중 그는 계속된 강의와 연구로 바쁜 외중에도 체코와 프랑스, 영국, 노르웨이 등의 개신교 교회 지도자들에게 편지를 보내어 나치에 저항할 것을 독려하였다. 또한 스위스 당국의 요청을 받아들여서 54세라는 많은 나이에도 불구하고 바젤의 국경선을 지키는 군대의 일원으로 봉사하였다. 후일 나치 독일이 패망한 다음에 그는 몇 차례 독일을 방문하였고, 1946년과 1947년에는 본 대학에서 전후 세대의 신학도들을 가르쳤다(이 강의는 『교의학 요약 Dogmatics in Outline』이란 책으로 출판되었다). 1948년 바르트는 헝가리를 방문하여 공산주의 치하에 있는 그곳의 개혁 교회 지도자들과 대화하였고, 1948년에는 세계교회협의회(WCC)의 결성에 참여하여 활동하였다.

하지만 이 시기의 바르트는 거의 대부분의 시간을 『교회 교의학』을 쓰면서 보냈다. 이미 1938년에 그는 하나님의 말씀론과 삼위일체론을 다룬 『교회 교의학』 I/1과 I/2를 완성하였고, 1940년에는 신론(the doctrine of God)을 다룬 『교회 교의학』 II/1을 완성하였다. 1942년에는 선택론(the doctrine of the election of God)을 다룬 『교회 교의학』 II/2가 완성되었고, 이 때부터 그의 신학은 더욱 역동적이면서 또한 더욱 그리스도 중심적이 되었다. 1945년에는 창조론(the doctrine of creation)을 다룬 『교회 교의학』 III/1이 나왔고 인간론(the doctrine of man)을 다룬 III/2가 1948년에 나왔다. 1950년에는 섭리론과 악의 문제(the doctrine of providence and of evil)를 다룬 『교회 교의학』 III/3이

출판되었다. 1951년에 그는 윤리의 문제를 다룬 『교회 교의학』 III/4에서 창조론을 완성하였다. 이때 바르트는 벌써 65세가 되었으며 사람들 사이에서 "바젤의 그 노인"으로 불리고 있었다. 하지만 그는 계속 연구하고 글을 썼으며, 곧이어 서로 다른 세 가지 전망에서 화해론(the doctrine of reconciliation)을 다룬 『교회 교의학』 IV/1(1953), IV/2(1955) 그리고 IV/3-1과 3-2(1959)를 출판하였다.

비록 이 당시의 바르트는 외부 강연이나 여행을 최대한 줄이고 오직 글쓰기와 바젤 감옥에서의 정기적인 설교에만 집중하였지만, 그는 여전히 무척 바쁜 사람이었다. 그는 세계 각국에서 찾아오는 수많은 학생들과 방문객들을 지혜와 관대함 그리고 날카로운 유머로 맞았다. 1956년, 70세가 된 바르트는 그 해 5월 바젤에서 열렸던 모차르트 탄생 200주년 기념식의 강사로 요청을 받았다. 방에 칼빈과 모차르트의 사진을 함께 걸어 놓고, 평소 모차르트의 음악에서 수시로 신학적 영감을 얻었으며, "천상의 음악은 아마도 모차르트의 음악과 비슷할 것이다"는 말을 할 정도로 모차르트를 사랑하던 그였기에, 바르트는 이 제안을 기쁘게 수락하였다. 이 강연에서 그는 "모차르트의 음악은 비록 복음은 아니지만 나에게는 복음서가 말하는 하나님의 무조건적인 은혜의 영역의 비유이다"라고 칭송하였다. 1961~1962년 사이 그는 그의 공식적인 은퇴를 앞두고 그가 일생 동안 배우고 추구하였던 신학을 정리하는 강의를 한 후, 그것을 '복음주의 신학 입문'이라는 제목으로 출판하였다. 1962년 3월 1일, 그는 바젤 대학에서 '예수 그리스도 안에서 사람을 찾으시는 사랑의 하나님'이란 마지막 강의를 하였다. 은퇴 직후인 1962년 4월과 5월, 그는 미국 시카고 대학과 프린스턴 신학대학원에서 이 강의들을 반복하였고, 이때 그의 일생의 신학적 탐구를 마감하면서 다음과 같은 말을 남겼다.

> 우리가 대서양의 이쪽과 저쪽에서 추구해야 하는 신학은 토마스 아퀴나스주의나 루터주의, 칼빈주의, 정통주의, 종교주의, 실존주의 등이 아니며 하르낙이나 트뢸치로 다시 돌아가는 신학도 아닙니다(당연히 바르트주의는 더더욱 아닙니다). 우리가 추구해야 할 것은 '자유의 신학'입니다.

실상 바르트의 일생의 과제는 예수 그리스도를 통하여 우리에게 은혜로 주신 복음 안의 자유를 찬양하는 데 있었다. 이 점에서 그는 모든 신학자들이 추구해야 할 신학은 바로 복음에 근거한 자유의 신학이라고 말한다.

모든 사람에게 찾아오는 늙음과 그로 인한 질병은 바르트에게도 찾아왔다. 미국 여행에서 돌아온 직후인 1962년 봄부터 1965년 가을까지 바르트는 수시로 찾아오는 병으로 고통받았으며, 이로 인해 저술과 대외적인 활동을 현저히 줄이지 않을 수 없었다. 하지만 1966년도에 병세가 다소 호전되어 80회 생일을 축하할 수 있었고, 또한 가톨릭 교회의 제2차 바티칸 공의회의 결과를 살펴보고 평가하기 위해 로마 여행까지 할 수 있게 되었다. 하지만 『교회 교의학』이 결코 완성되지 못할 것임이 분명하게 되면서 그는 마지못해 부분적으로 써 두었던 기독교 윤리를 '그리스도인의 삶의 근거로서의 세례'라는 제목으로 출판하는 것을 허락하였고, 이것이 그의 『교회 교의학』의 최후의 부분인 IV/4가 되었다. 결국 바르트가 의도했던 화해론과 연결된 기독교 윤리학 및 종말론 부분은 끝내 쓰이지 못하였고 9,400여 페이지의 『교회 교의학』은 미완성으로 남게 되었다. 바르트는 1968년 12월 10일 이른 아침에 세상을 떠났다. 그 전날 밤 그는 평생의 친구였던 투르나이젠과 월남전을 비롯한 세계의 여러 문제들에 대해 이야기를 나누던 중 이런 말을 남겼다고 한다. "그래. 세상은 여전히 어둡고 고통으로 차 있네. 하지만 우리 주님은 부활하셨네." 그리고 이것이 일생 동안 하나님의 말씀에 최대의 존중과 사랑을 바친 한 그리스도인의 최후의 증언이 되었다. "세상은 여전히 어둡고 고통으로 가득 차 있다. 하지만 우리 주님은 부활하셨다."

바르트 신학의 의미

지금까지 우리는 칼 바르트의 생애와 그의 신학 사상을 간단하게 살펴보았다. 그럼 바르트 신학이 가진 의미는 무엇일까? 여기에서 나는 바르트 신학의 의의와 가치를 세 가지로 나누어 간단하게 서술하고자 한다.

말씀 중심, 예수 그리스도 중심의 신학

바르트 신학의 가장 큰 특징은 그것이 철두철미하게 하나님의 말씀을 존중하는 신학이었다는 데 있다. 바르트는 하나님은 인간의 종교성과 경건을 통해 자신을 계시하기 때문에, 신학은 이것들을 중요하게 여겨야 한다는 자유주의 신학 안에서 성장하였다. 하지만 그는 이런 인간 중심적인 신학과 결별한 뒤 철저히 하나님의 말씀을 높이고 존중하는 신학을 전개하였다. 그는 신학의 과제는 하나님이 말씀하신다(Deus dixit)는 놀라운 사실 앞에서 두려움과 기쁨으로 그 말씀을 있는 그대로 진술하는 데 있다고 하여 말씀 중심의 신학을 전개하였으며, 동시에 이 말씀은 육신으로 오신 말씀인 예수 그리스도라고 하여 철저한 그리스도 중심의 신학을 말하였다. 곧 그는 신학의 출발점도 귀결점도 예수 그리스도를 통하여 자신을 인간 구원의 하나님으로 계시하신 하나님을 있는 그대로 기술하고 증거하는 데 있다고 하였다. 즉, 그는 성경이 증거하는 예수 그리스도를 떠나서는 결코 하나님에 대해 말하지 않겠다고 결단하고, 그 결단 안에서 신학을 전개한 것이다.

바르트의 이런 신학적 자세는 특별히 우리 한국 교회에 시사하는 바가 적지 않다. 왜냐하면 오늘날의 많은 교회들이 하나님의 말씀보다는 특정한 교리나 그리스도인의 윤리적 원칙을 전하고 있으며 심지어는 어떻게 하면 축복을 받는가 하는 기복적인 메시지를 전하고 있기 때문이다. 이 점에서 예수 그리스도를 통해 나타난 하나님의 놀라운 구원의 계시를 있는 그대로 진술(description)하는 것을 일생의 과제로 삼은 바르트가 주는 교훈은 대단히 진지하고 심각하다고 할 수 있다.

교회 중심의 신학

바르트 신학이 가지는 두 번째 의미는 그것이 가진 교회성에 있다. 그는 『교회 교의학』의 제일 첫 번째 책에서 신학은 교회의 기능이라고 하면서 신학과 교회 그리고 하나님의 계시의 관계를 다음과 같이 말하였다. 첫째, 신학은 교회가 하는 하나님에 대한 진술이 타당한지 질문하는 가운데 "교회의 진술을 따른다." 둘째, 신학은 교회로 하여금 하나님의 말씀을 따라 살아가도록 "교회의 진술을 인도한다." 셋째, 신학은 교회와 함께 하나님의 말씀의 심판 아래 있으며 이 점에서 "교회의 진술과 동반한다." 곧 신학의 기능은 교회로 하여금 하나님의 말씀을 제대로 분별하고 그 말씀대로 살아가도록 돕는 데 있다는 것이다. 이러한 바르트의 주장은 오늘날 우리의 목회자들과 교회에게는 신학을 좀더 중요하게 여기고 신학의 지혜에 따라 교회를 이끌어 갈 것을 요청하며, 또한 신학자들에게는 좀더 교회를 깊이 생각하고 교회에 생명을 불어넣는 신학 작업을 할 것을 도전하고 있다. 교회가 아무리 모자라고 부족하여도 하나님의 교회를 떠나서는 올바른 믿음생활을 할 수 없기 때문이다.

말씀으로 시대를 인도하는 예언자적 신학

바르트 신학이 가진 또 하나의 중요한 특징은 그것이 하나님의 말씀으로 시대를 인도하는 예언자적 신학이란 점이다. 구약의 예언자들이 "여호와께서 말씀하신다"는 확신 속에서 그 시대에 주어진 하나님의 말씀을 선포했던 것처럼, 바르트 역시 하나님의 말씀으로 시대를 분별하고 인도하여 갔다. 그는 하나님의 말씀을 향해 열려 있었기 때문에 200년 자유주의 신학의 무거운 전통을 돌파할 수 있었고, 독일 전체가 히틀러를 추종할 때 '아니요'라고 외칠 수 있었고, 또한 일생 동안 그 어떤 신학적 틀에도 얽매이지 않는 자유의 신학을 전개할 수 있었다. 그리고 이런 삶을 살아간 사람으로서 이제 그는 삶과 신학 전체를 통하여 우리들에게 시대를 분별하는 예언자적인 믿음을 가지고 믿음의 경주를 아름답게 달려갈 것을 촉구하고 있다.

"이러므로 우리에게 구름 같이 둘러싼 허다한 증인들이 있으니 모든 무거운 것과 얽매이기 쉬운 죄를 벗어 버리고 인내로써 우리 앞에 당한 경주를 경주하며 믿음의 주요 또 온전케 하시는 이인 예수를 바라보자."(「히브리서」 12 : 1-2)[1]

---

1) 칼 바르트에 대해선 국내에 좋은 책이 많이 소개되어 있다. 최근의 좋은 작업으로는 김명용, 『칼 바르트』(살림출판사, 근간)를 보라.

폴 틸리히 : 경계선상의 신학자

폴 틸리히(Paul Tillich, 1886~1965)의 생애와 신학

20세기 전반기의 독일 교회에는 칼 바르트와 쌍벽을 이루는 또 한 명의 대 신학자가 있었다. 바르트와 같은 해인 1886년에 태어난 폴 틸리히는 여러 가지 점에서 바르트와 대조되는 신학자이다. 바르트가 자유주의 신학에 대항하여 하나님의 절대적 주권과 그 온전한 계시로서의 예수 그리스도를 강조하였다면, 틸리히는 이 하나님의 계시가 인간의 구체적인 상황에 어떤 의미가 있는지를 탐구하였다. 이를 위해 그는 바르트처럼 하나님의 계시에서부터 신학을 시작하지 않고, 그 시대의 사람들이 던지는 질문에 귀 기울인 다음, 거기에 대답하는 형식으

철학자의 신학자이며 신학자의 철학자인 폴 틸리히.

로 신학을 전개하였다. 즉, 바르트가 하나님 중심, 계시 중심적인 신학을 전개했다면, 틸리히는 인간 상황에서부터 출발하는 인간 중심 혹은 경험 중심적인 신학을 전개하였던 것이다. 바르트와 같은 신학의 강점은 기독교 신앙의 절대성과 궁극성을 제대로 표현할 수 있다는 점이지만, 인간 현실에 부적합해질 약점을 가지고 있다. 반면 틸리히와 같은 변증 신학은 기독교 복음의 상황적 적실성(contextual relevance)을 가질 수는 있으나 자칫 복음을 왜곡시킬 위험성을 가지고 있다. 하지만 틸리히는 전통적인 기독교의 언어로는 현대인들에게 복음을 의미 있게 소개할 길이 없다고 보았기에 부적합의 위험보다는 왜곡의 위험을 무릅쓰는 길을 택했으며, 그 가운데 교회사를 통틀어 가장 탁월하고 창조적인 신학의 하나를 남기게 되었다.

틸리히는 1886년 8월 20일에 엄격하고 보수적인 루터파 목사인 요한 오스카 틸리히(Johannes Oskar Tillich)와 자유롭고 명랑한 어머니 빌헬미나 마틸드(Wilhelmina Mathilde) 사이의 첫째 아들로 태어났다. 틸리히는 뒷날 그의 부모를 회고하면서, 아버지로부터는 우울하고 명상적인 성격, 책임의식, 높은 인격적 죄의식, 강렬한 권위의식과 봉건적 전통의 기질을 물려

받았고, 어머니로부터는 생에 대한 열정, 구체적이며 생동적인 것에 대한 사랑, 합리성 그리고 민주적 태도를 물려받았다고 했는데, 이 중 부친의 영향이 훨씬 컸다. 실제로 틸리히의 전기 작가들은 그가 일생 동안 (아버지의) 권위주의적이며 엄격하고 억압적인 성향에서 벗어나기 위해 애썼다고 말한다.

틸리히는 네 살이 되던 1891년 쉔플리스라는 작은 시골로 이사를 가 거기에서 소년 시절을 보냈다. 그 뒤 인문계 고등학교에 다니기 위해 쾨니히베르크로 갔고, 열다섯 살 되던 1901년 4월에 인접한 대도시인 베를린으로 건너가 프리드리히 빌헬름 고등학교에서 공부했다. 다음해인 1902년, 그는 부친이 목회하던 베를린의 교회에서 견신례(입교 의식)를 받음으로써 교회의 정식 교인이 되었다. 1905년에는 할레 대학에서 신학 공부를 시작하였으며, 여기에서 백발의 노교수인 마르틴 캘러의 영향을 깊이 받았다. 그 후 1909년 봄에 목사 후보생 고시에 합격했고, 목사 후보생 훈련원에서의 수련 기간이 끝날 무렵 브레슬라우 대학에서 「셸링의 실증 철학에서의 종교사의 개념 : 그 전제들과 원리들」이란 논문으로 철학박사학위를 받았으며, 또한 1911년에는 당시 신학 분야의 최고 권위인 신학 전문직 힉위(the degree of Licentiate of Theology)를 받고, 대학에서 가르칠 자격을 얻었다.

제1차세계대전중 틸리히는 만 4년 동안 군목(軍牧)으로 일했다. 전쟁에 참전하기 전까지만 해도 틸리히는 하나님은 세계를 가장 선한 길로 인도하신다는 소박한 소시민적 믿음을 가지고 있었다. 하지만 군목으로서 부상자들의 피를 닦아주고 전사자들의 장례를 치르는 동안 이런 낙관주의는 산산조각 나 버렸다. 1916년 7월의 어느 날 샹파뉴 전투에 군목으로 참전 했던 그는 부상자들의 신음소리와 전쟁터의 포탄소리 속에서 잠이 들었다가 깨어났을 때 "내 사상의 관념론적인 부분은 끝 났다"고 부르짖었다고 한다. 즉, 그는 전쟁의 경험 속에서 그 의 세대가 결코 무시하고 넘어갈 수 없는 인간 실존의 어두운 심연을 보았으니, 19세기의 낙관주의와 진보에 대한 믿음은 20세기의 실존적 불안과 절망으로 대치되었던 것이다.

전쟁이 끝나고 돌아온 틸리히는 더 이상 역사의 진보를 믿 는 소박한 부르주아가 아니었다. 그는 역사의 심연을 경험한 사람이 되었고, 이 경험으로 인해 그 시대의 역사를 어떻게 이 해할 것인가 하는 문제를 가지고 씨름하기 시작하였다. 1924 년 봄, 틸리히는 갓 결혼한 아내와 함께 마르부르크에 있는 필 립 대학의 부교수로 가서 세 학기를 가르쳤다. 1925년에는 그 를 유명하게 만든 책인 『종교적 정황』이 출판되었고, 드레스 덴에 있는 기술 과학원을 거쳐서 43세 되던 1929년에 프랑크 푸르트 대학 철학과의 사회학 정교수가 되었다. 이곳에서 그 는 1933년까지 사회 윤리학 분야와 역사적 행위의 문제, 정치 적 방향과 이념 문제 등을 가르쳤고 칸트, 헤겔, 쉘링, 토마스 아퀴나스의 사상과 종교 철학 및 철학사, 특히 마지막 학기에 는 조직 신학의 문제들도 가르쳤다. 대학교수단 중 유일한 신 학자였던 그는 학문적으로나 인간적으로나 동료 교수들과 학생들의 존경과 사랑을 받았고, 이 때부터 그의 사상과 인간성에 매료된 많은 후학들을 이끌게 되었다.

이 시기, 사회적으로는 1929년부터 시작된 독일 나치 운동이 이미 군대, 학교 그리고 공무원 사회 전반에 걸쳐 큰 영향을 미치고 있었다. 1933년 3월 21일 히틀러는 독재자로서의 전권을 획득하고 독일 제3제국을 출범시키면서 유대인들을 박해하고 반체제 인사들을 투옥, 고문하기 시작했다. 그리고 이미 그 전인 1932년 4월 13일 틸리히는 종교 사회주의 운동과 반체제 행위를 한 혐의로 비유대인으로서는 최초로 교수직에서 쫓겨났으며, 그의 책들을 포함한 여러 책들이 불온 문서로 소각당하는 사건이 발생했다. 바로 이때 미국 뉴욕 유니온 신학교에서 틸리히를 일 년간 철학부 교수로 초빙하겠다는 제의를 해왔다. 처음에 틸리히는 그의 동포들과 특히 박해받는 유대인들을 두고 떠날 수 없다는 책임감 때문에 이 제의를 달갑게 여기지 않았으나, 그의 교수직이 무기한 연기될 것이라는 통보를 들은 후 어쩔 수 없이 이 초청을 수락했다. 춥고 비오는 10월 말의 아침, 이미 중년에 접어든 47세의 틸리히는 가족과 함께 문화와 언어가 완전히 다른 땅을 향해 떠날 수밖에 없었다. 성는 조국을 떠나 낯선 땅으로 가면서, 그는 「창세기」 12장 중 아브라함의 기사를 깊이 묵상하였다. "주께서 아브람에게 이르시되 너는 너의 본토 친척 아비 집을 떠나 내가 네게 지시할 땅으로 가라. 내가 너로 큰 민족을 이루고 네게 복을 주어 네 이름을 창대케 하리니 너는 복의 근원이 될지

라.”(「창세기」 12 : 1-2)

　　미국에 오기는 했지만 틸리히는 조국의 교수직에 복직되기
만을 기다리고 있었다. 하지만 1933년 12월 20일부로 나치 정
권은 틸리히의 교수직을 완전히 박탈했으며, 틸리히의 가족은
그 해 크리스마스를 쓸쓸히 보낼 수밖에 없었다. 다행히 틸리
히는 그 다음해 5월 한 해 더 방문 교수로 재임명되었으며, 영
어 실력이 조금씩 나아짐에 따라 강의를 듣는 학생들로부터도
인정을 받게 되었다. 시간이 지나면서 동료 교수들과 학생들
은 모든 인문학적 지식을 총망라하며 신학에서 시작하여 철학
과 문학, 춤과 심층심리학에 이르기까지 여러 학문 분야를 자
유롭게 넘나드는 그의 방대한 지식에 깊은 인상을 받았고, 사
건과 사상들에 대한 그의 날카롭고 독창적인 해석에 깊이 매
료되기 시작했다. 마침내 그의 강의는 유니온 신학교를 대표
하는 가장 탁월한 강의로 널리 인정받았다.

　　1948~1963년 사이에 틸리히는 그의 신학 및 철학 사상을
책으로 출판해내는 사상의 황금기를 맞이한다. 먼저 20여 년
동안의 철학적, 신학적 사색의 결과인 『프로테스탄트 시대 *The
Protestant Era*』가 1948년 영어로 번역, 출판되었고 또한 그의
첫 설교집인 『흔들리는 터전 *The Shaking of the Foundations*』도
출판되었다. 1950년에는 예일 대학의 테리 강연(Terry Lecture)
의 준비로서, 베스트셀러가 된 『존재에로의 용기 *The Courage
to Be*』를 집필하였고, 1952년에는 그의 두 번째 설교집인 『새
로운 존재 *The New Being*』가 나왔다. 또한 1951년에는 그가

오랫동안 쓰고자 했으며 거의 사반세기 동안의 연구와 사색의 결정체인 『조직 신학』 1권이 출판되었다. 1952년에는 케글리 (W. Kegley)와 브레탈(R. Bretall)이 공동 편집한 『폴 틸리히의 신학 *The Theology of Paul Tillich*』이 출판되었으니, 이즈음에 와서 틸리히는 미국 사상계 속에서 존 듀이, 화이트헤드, 버트란트 러셀 그리고 산타야나 등과 같은 수준의 사상적 거인으로 인정받게 되었다. 그 후 1953년과 1954년 두 차례의 겨울에 걸쳐 학자로서의 큰 명예인 영국 애버딘 대학의 기포드 강좌 (Gifford Lecture)를 맡게 되었는데, 이 강좌들은 1957년과 1963년에 출판된 그의 『조직 신학』 2권인 「실존과 그리스도」 및 3권의 「생명과 성령」의 일부가 되었다. 그 뒤 1957년에 그는 『조직 신학』 2권인 「실존과 그리스도」, 그리고 1963년에 그의 『조직 신학』 3권인 「생명과 성령」 및 「역사와 하나님의 나라」 부분을 끝냄으로써 그의 조직 신학체계를 완성하였다.

1955년, 틸리히는 65세의 나이로 유니온 신학교에서 정년 퇴임하였다. 하지만 곧 하버드 대학이 그를 대학 특별 교수직에 초청하였다. 특별 교수직에 초빙된 교수는 강의 시간 수에 대한 의무가 없으며 건강이 허락하는 한 75세까지 원하는 주제의 강좌를 원하는 시간만큼 개설할 수 있었다. 틸리히는 이 제안을 받아들여 한 달에 두 번씩 그의 작은 아파트에서 신학부 박사학위 과정에 있는 학생들의 공동 토의와 세미나를 지도하는 한편, 학부 학생들에게도 강의를 했다.

1962년 여름, 하버드 대학에서 은퇴하고 이제 노인이 된 틸리히는 여름의 몇 달을 조용히 지내기 위해 뉴욕 주의 이스트 햄프턴에 있는 해변의 집으로 물러났다. 하지만 곧 시카고 대학의 신학부에서 틸리히를 초빙하였다. 그는 그의 건강 상태를 깊이 생각한 후 이 요청을 받아들여서 매 학기 한 과목씩 네 학기 동안을 가르쳤고, 마지막 해에는 종교학자인 멀치아 엘리아데(Mircea Eliade)와 함께 종교사에 관한 세미나를 이끌었다.

하지만 틸리히 역시 질병과 노쇠를 피할 수는 없었다. 1964년 1월부터 6월 사이에 그는 폐렴과 기관지염으로 여러 차례 입원하였으며, 이로 인해 강의 요청들을 거절할 수밖에 없었다. 1965년 10월 틸리히는 그의 친지들과 친구들에게 만나보고 싶다는 편지를 썼으며, 그 중 에른스트 블로흐(Ernst Bloch)에게 쓴 편지에는 죽음을 넘어서는 희망이 보인다. 1965년 10월 11일 저녁, 틸리히는 사람들 앞에 그의 마지막 모습을 드러냈다. 그는 시카고 대학 신학부가 주관한 강연회에서 "조직 신학자에게 있어서 종교사의 의미"라는 최후의 강연을 했으며, 강연이 끝난 후에는 종교 사학자 키타가와(Joseph. M. Kitagawa)의 집에서 열린 모임에 참석하여 친구들과 자정이 가깝도록 환담을 나눴다. 다음 날, 틸리히는 갑작스런 심장의 충격으로 병원으로 옮겨졌고, 그 때부터 병상을 떠나지 못했다. 죽음이 가까이 온 것을 느낀 그는 아내인 한나에게 그의 허물과 죄에 대해 용서를 빌고, 그녀의 용서를 받았다. 그는 아내가 가져온 희랍어 성경과 평생 귀하게 간직했던 독일어 성경을 만졌다. 그 다음 그들은 그들이 이스트햄프턴의 옛 집에서 거닐 때 했듯이 짧은 독일어 시를 함께 낭송했다. 저녁 7시에 그는 간호사의 부축으로 침대 옆을 몇 걸음 걷고 다시 침대에 누웠으며, 곧 조용히 숨을 거두었다. 그날이 1965년 10월 22일이었다.

한 시간이 못 되어 틸리히의 죽음은 주요 텔레비전과 라디오 방송국 그리고 신문들을 통해 전세계에 알려졌다. 그에 관한 기사는 다음 날 아침 뉴욕 타임스 전면에 사진과 함께 게재되었으며 베를린, 케임브리지, 시카고, 마르부르크, 뉴욕 등지에서 그의 죽음을 애도하는 추모 예배가 거행되었다. 그의 시신은 화장된 후 이스트 햄프턴에 매장되었다가 그의 미망인의 의견을 좇아 1966년 5월 29일 성령 강림절 주일에 인디아나 주 뉴 하모니 마을의 폴 틸리히 공원으로 옮겨져 그의 영원한 장지가 되었다.「뉴욕 타임스」사설은 그의 추도사를 실어, "틸리히는 인간 삶의 전 분야를 그의 신학의 주제로 삼았고, 그의 신학 지평은 그만큼 넓은 화폭을 가졌으며, 현대의 모든 신학자와 구별되는 예외적 거인"이라고 칭송하였다. 그러면서 틸리히의 공헌은 그가 회의의 시대를 위해서 기독교의 진리를 성공적으로 해석해 준 데 있다고 하였다.

틸리히 신학의 의미

우리가 틸리히의 삶과 신학에서 배워야 할 것은 과연 어떤 것일까? 우선 지적 정직성과 자유에 대한 그의 추구를 들 수 있다. 틸리히는 일생 동안 정직하고 자유롭게 사고하고자 했으며, 또한 학생들에게도 주체적으로 생각하고 판단하는 삶을 살도록 도전하였다. 그는 기독교적 권위나 전통을 가지고 있는 것이라고 해서 단순히 따르지 않았으며, 특별히 권위주의적이며 억압적인 전통에 대해서는 강하게 저항하였다. 그 이유는 기독교의 진정한 메시지는 모든 종류의 권위주의를 배격하는 가운데 인간을 자유로운 존재로 만드는 데 있다고 믿었기 때문이다.

특별히 지적 자유의 중요성을 강조하는 틸리히는 진지하고 심각한 의심(doubt)의 가치를 높게 평가한다. 설교집 『새로운 존재』에서 그는 "모든 심각한 의심과 진리에 대한 실망 속에는 아직 진리에 대한 열정이 작동하고 있습니다. 그러니 진리에 대한 당신의 불안을 너무 빨리 해소하려는 사람들에게 굴복하지 마십시오. 비록 그 유혹자가 당신의 교회이든 당신이 속한 당파이든 아니면 당신의 부모 때부터의 전통이든 간에, 정말 당신 자신의 진리가 아니면 거기에 유혹되지 마십시오. 만일 당신이 예수와 함께 갈 수 없다면 모든 심각함으로 (진지한 회의주의자인) 빌라도와 함께 가십시오"라고 말한다.

왜 틸리히는 진지한 의심의 가치를 높이 평가하였는가? 그 이유는 하나님은 솔직한 의심과 질문 속에 이미 함께 계시며, 진리는 때로 의심의 골짜기를 지나서 도달할 수 있다고 믿었기 때문이었다. 실제로 오늘의 우리 교회에는 솔직하고 정당한 의심을 믿음이 없는 탓이라고 비난하며 억압하는 경향이 있는데, 틸리히는 지적 정직성과 진리에 대한 열정의 이름으로 이를 비판하고 있는 것이다. 바로 이런 자유로운 진리 탐구의 정신이 있기 때문에 틸리히의 강의와 책들은 지금까지도 많은 사람들에게 큰 영향과 해방감을 주고 있다.

둘째, 경계선상의 신학(theology on the boundary)이다. 틸리히는 그의 자서전에서 자신의 삶을 경계선상의(On the Boundary) 삶이라고 불렀는데, 실제로 그의 일생은 서로 대립되는 영역들의 경계선에 서서 그 둘을 창조적으로 통합시켜 보려 한 긴장 속의 삶이었다. 우선 소년 시절부터 틸리히는 엄격하고 우울하며 권위주의적인 부친과 민주적이며 쾌활하고 자유로운 모친 사이의 경계선에서 그의 삶을 형성해야 했다. 성장기에는 (부친이 목회했던) 보수적이고 교리적인 교회 전통과 자유롭고 비판적인 신학 전통의 경계선상에 있었으며, 대학 시절에는 경제적으로 안정된 목사이자 주교의 아들로서 그렇지 못했던 친구들과의 경계선상에 있었다. 또한 제1차세계대전중에는 군목으로서 일반 병사와의 경계선상에 있었으며, 전쟁 이후에는 종교 사회주의 운동에 헌신한 대학교수로서 노동자들과의 경계선상에 있었다. 특히 히틀러에 의해 교수직을 박탈당하고 미국으로 건너간 다음에는 구대륙과 신대륙, 옛 문화와 새 문화, 신학과 철학, 외로운 이민자와 세계적인 지성 사이의 경계선상에 서서 결코 적지 않은 지적, 정신적, 문화적 갈등 속에서 투쟁적인 삶을 살아가야 했다. 학문적으로 볼 때도 그는 철학과 신학의 경계선상에 서서 자신을 신학자에게는 철학자요 철학자에게는 신학자로 이해시키면서 이 둘의 창조적 만남을 시도했었다. 그는 신학과 철학은 결코 서로 모순되지 않는다고 보아, "파스칼에 반대하여 나는 말합니다. 아브라함, 이삭, 야곱의 하나님과 철학자들의 하나님은 동일한 하나님입니다"라는 유명한 말을 남기기도 했다.

셋째, 틸리히 신학의 또 다른 중요한 특징은 사람들의 구체적인 상황 속에서 일어나는 질문에 맞추어서 기독교의 진리를 설명하려고 했던 변증 신학이라는 데 있다. 일생 지적인 정직성을 추구한 사람이며 경계선상에서 고투하던 사람이었던 틸리히는, 전통적인 기독교의 언어가 현대인들에게 무의미하고 부적절하다고 느낀 사람이기도 했다. 그는 교회 언어의 많은 부분이 너무나도 사람들의 관심에서 벗어나 있어서 그들에게 아무런 의미도 갖지 못한다고 보았던 것이다. 그래서 그는 "영혼들을 구원하기 전에 개념들을 구원해야 한다"고 하면서 기독교의 진리를 현대인들에게 적실한(relevant) 형태로 표현하기 위해 많은 노력을 기울였다. 특별히 틸리히는 종교 생활을 하지 않으며 하나님을 찾을 필요도 느끼지 않으나 그 내면 깊은 곳에서는 영적 공허로 괴로워하는 현대의 지성인들을 그의 사역의 대상으로 생각하여 그들의 언어와 사고방식으로 기독교의 복음을 설명하려고 노력했고, 이런 노력을 통해 "지성인의 사도"라는 별명도 얻게 되었다.

넷째, 틸리히 신학은 종교와 문화의 관계에 집중한 문화 신학이다. 그는 일생 동안 문화 현상에 대해 관심을 가졌으니, 그 이유는 신학은 질문하는 인간으로부터 시작하는 데, 이 질문은 인간의 문화 행위를 통하여 표현되고 있다고 보았기 때문이다. 즉, 인간은 문화적 형식들로 둘러싸여 있고, 이 문화적 형식들을 통하여 그 자신의 이해, 관심, 불안, 희망들을 표현하고 있다고 본 것이다. 따라서 그는 인간의 물음이 제기되는 철학, 심리학, 심리 치료, 교육 이론, 정치, 경제, 사회학, 기술, 예전, 법률, 음악, 미술, 시, 소설, 도시 건축, 춤 등 거의 모든 분야를 다루었고 그 속에 나타나는 종교적, 신학적 의미를 포착하려 했다. 그는 자기 삶의 이런 모습을 "성인으로서의 나의 삶의 대부분을 조직 신학 선생으로 보냈지만 종교와 문화의 문제는 언제나 내 관심의 중심에 있었다.『조직 신학』을 포함한 내 저술의 대부분은 기독교가 세속 문화와 관계 맺는 방식을 규정하려는 시도였다"고 표현하였다. 특별히 그는 종교를 현대 문화의 한 특정한 영역 혹은 기능 정도로 받아들이는 경향에 반대하면서 종교는 인간 정신생활의 특별한 여러 기능들 중의 하나가 아니라 그 모든 기능들의 깊이의 차원(the depth dimension)이라고 주장한다. 그는 이것을 "종교는 모든 문화에 의미를 주는 실체(the meaning-giving substance)이다" 또는 "종교는 문화의 내용이요, 문화는 종교의 형식이다(Religion is the substance of culture, culture is the form of religion)"라고 표현하기도 했다. 즉, 모든 문화 — 비록 철저히 세속적 문화라고 해도 — 의 밑바닥에는 종교적 관심이 들어 있으니, 문화는 다름 아닌 종교적 관심이 밖으로 드러난 것이라고 말하는 것이다. 오늘날 많은 사람들이 문화의 시대가 도래하였다고 말하며 또한 문화 선교의 중요성을 말하고 있는데, 정작 그 문화 선교의 신학적 기반은 다분히 약한 점이 없지 않다. 이 점에서 평생 문화 신학을 지향했던 틸리히는 많은 도움을 줄 수 있을 것이다.

다섯째, 틸리히 신학은 실존주의적인 신학이다. 그는 신학적 진리를 포함한 모든 진리는 언제나 역사적 실재라고 주장한다. 즉, 진리는 플라톤의 철학에서처럼 영원하고 변화되지 않는 관념(이데아)의 세계에 있지 않고 구체적인 시간과 공간 안에서 발견된다고 보았으며, 이 점에서 그는 칼 바르트와 날카롭게 구별된다. 바르트가 일생에 걸쳐 온전하고 순수한 기독교적 복음이 무엇인지를 찾으려고 했다면, 틸리히는 변화된 시대와 세계 속에서 그 복음을 해석하고 전달하기 위해 그 유동적인 특성을 강조하였다. 이에 대해 독일의 신학자이며 저널리스트인 하인즈 잔트(Heinz Zahrnt)는 칼 바르트가 하늘을 쳐다보며 삼위일체의 영원한 상호관계를 명상했다면 폴 틸리히는 실재의 깊이를 내려다보면서 역사의 끊임없는 흐름에 사로잡혔다고 표현하였다.[2]

---

2) 폴 틸리히의 신학에 대해 좀더 공부하려면 박만, 『폴 틸리히』 (살림출판사, 현대 신학자 평전 3권, 2003)를 보라.

디트리히 본회퍼 : 우리 시대의 예수 그리스도의 증인

디트리히 본회퍼(Dietrich Bonhoeffer, 1906~1945)의 생애와 신학

바르트와 틸리히보다 한 세대 뒤에 활동한 신학자이자 목회자이며, 또한 나치 독일에 의해 죽은 20세기의 순교자인 디트리히 본회퍼는 1906년 2월 4일 독일 브레슬라우에서 아버지 칼 본회퍼와 어머니 파울라 사이의 8남매 중 여섯째 쌍둥이(일곱째는 쌍둥이 누이동생인 싸비인)로 태어났다. 아버지 칼은 브레슬라우의 신경과 정신의학 교수였고 많은 신학자, 예술가, 법률가를 배출한 명문 출신이었다. 그의 어머니 역시 신앙심이 깊은 훌륭한 목회자 가계 출신이었으니, 그녀의 아버

예수 그리스도의 증인 디트리히
본회퍼.

지는 황제를 모시는 궁정목사였으며, 조부는 19세기 최대의 교회사가로 알려진 아우구스트 폰 하제였다. 이처럼 신앙과 학문의 전통 속에 태어난 본회퍼는 어려서부터 뛰어난 학문적 능력을 보였으며, 또한 문학과 음악에 탁월한 재능을 가지고 있었다.

그러나 비록 본회퍼의 집안이 학자, 예술가, 종교인들을 많이 배출하긴 했지만 그의 가족들은 그다지 신실한 신앙인들은 아니었다. 어머니는 경건한 믿음을 가지고 있었으나 아버지는 하나님의 존재에 대해서 불가지론자이자 과학자로서, 철두철미 실증주의적 사고를 하는 사람이었다. 또한 가족 중 정기적으로 교회를 다니는 사람은 아무도 없었다. 이런 분위기였기에 본회퍼가 열네 살 때 목사가 되겠다고 밝혔을 때 가족들은 모두 놀랐고 반대했다. 가족들은 교회는 헌신하기에는 너무나 빈약하고 시시한 부르주아적 제도라고 하면서 그에게 학자나 음악가가 되라고 권유했다. 하지만 본회퍼는 "그렇다면 내가 그것을 개혁하겠다"면서 굳은 의지를 보였고, 그의 단호한 모습에 가족들은 곧 그 결정을 존중하였다. 그 후 그의 결심은 흔들리지 않았다.

본회퍼는 열일곱 살 되던 때 튀빙겐 대학에 입학했고, 다음 해에 베를린 대학 신학부에서 공부하였다. 당시 교수들은 한

결같이 이 젊은 신학도의 학문적 재능을 높이 평가했으며, 특히 노 신학자 하르낙은 그를 "천재적 신학 청년"이라며 절찬했다고 한다. 본회퍼는 스물한 살 되던 1927년, 베를린 대학 신학부 박사학위 논문으로 「성도의 교제 sanctorum communio」를 제출하였는데, 이것은 대단히 우수한 논문이어서 칼 바르트는 이를 "하나의 신학적 기적"이라고까지 칭찬하였다. 그는 삼 년 뒤인 1930년에 교수 자격 논문으로 「행동과 존재 Akt und Sein」를 썼고 이 책과 함께 학자와 목회자로서의 삶의 준비를 마치게 되었다.

그 후 본회퍼는 잠시 미국을 방문하고 돌아온 후 약 일 년 동안 베를린 대학에서 강의를 하였다. 그 뒤 영국 런던의 독일인 피난민들로 구성된 교회에서 약 이 년간 목회를 했다. 그는 1936년에 독일로 돌아와 고백 교회가 운영하는 핑켈발데 신학교 운영의 책임을 맡게 되었다. 이곳에서 그는 목회자 후보생들과 함께 생활하면서 그들을 훈련시켰고, 또한 1936년 히틀러에 의해 금지될 때까지 베를린 대학에서 강의를 하였다.

본회퍼의 생애 역시 (바르트와 틸리히처럼) 히틀러와 독일 제3제국과 깊이 연결되어 있다. 앞에서 말하였듯이 히틀러는 제1차세계대전에 패한 독일의 무너진 경제와 구겨진 자존심을 회복시켰고, 새로운 희망을 불러일으켰다. 이 당시 히틀러의 인기는 그리스도인들 사이에서도 대단하였으니, 소위 '독일 그리스도인의 신앙 운동'은 히틀러를 무너진 독일을 세우고 온 세계에 번영을 가져다주기 위해 하나님이 보내신 이 시대의 구세주라고 선전했으며, 나치스는 행동하는 적극적인 기독교라고 하였다.

하지만 본회퍼는 히틀러의 운동에 들어 있는 우상 숭배적이며, 반기독교적인 정신을 예리하게 인식하고 있었다. 그는 히틀러가 총통이 된 다음 날 아침 베를린 방송을 통해 '젊은 세대에 있어서 지도자 개념의 변화'라는 강의를 했다. 여기에서 그는 "하나님은 직책을 세우셨고, 이 직책에 적절한 사람을 뽑아서 일하신다. 그런데 직책에 관계없이 어떤 사람에게 전권을 주게 될 때, 그것은 하나님이 세우신 질서를 무너뜨리는 것이요 결국 우상 숭배에 빠지게 된다"고 했다. 그러나 방송은 도중에 중단되었고, 이 때부터 본회퍼는 게슈타포(Gestapo)의 감시를 받는 요주의 인물이 되었다. 하지만 그는 여기에 굴하지 않고 「교회와 유대인 문제」라는 논문에서 히틀러의 명령에 따라 당시 유대인들을 쫓아내던 독일 교회를 비판했다. 그는 "그리스도는 모든 사람을 위해 죽으셨다. 따라서 어떤 특정 인종이나 사람이 교회에 올 수 없을 때, 그 교회는 예수 그리스도의 죽으심을 거부하는 것이요 기독교의 존립 정신 자체를 거부하는 것이다. 따라서 유대인을 쫓아내는 그리스도인들은 감히 그레고리안 찬송가를 부를 수 없다"라고 외쳤다.

이런 활동을 통하여 본회퍼는 자연스럽게 히틀러를 반대하고 기독교 신앙의 순수성을 지키려는 독일 고백 교회 운동의 지도자로 부각되었으며, 곧 고백 교회의 신학교의 하나인 핑켈발데 신학교의 책임자가 되었다. 이곳에서 그의 목표는 이미 기초적인 신학 공부를 마친 학생들을 깊은 성경 연구와 기도 훈련을 체험한 사람들로 길러내는 것이었다. 그는 이 당시에 쓴 편지에서 "오늘날의 젊은 신학도(목사 후보생)에게 가장 필요한 것은 설교를 어떻게 할 것인가? 또, 성경 공부나 교회 행정을 어떻게 할 것인가 하는 것이 아니라 어떻게 성경을 읽고 어떻게 기도할 것인가" 하는 점이라고 했다. 이를 위해 그는 성경 묵상과 기도를 중심으로 한 하루 일과를 구상했다. 핑켈발데 신학교의 하루는 예배로 시작하고 예배로 끝났으니 예배는 시편 낭송, 찬송, 구약성경 읽기, 찬송, 신약성경 한 부분 읽기, 잠시 동안의 기도와 주 기도로 이루어졌고, 예배 이후에는 당시로서는 아주 생소한 30분 동안의 명상 시간이 있었다. 설교는 토요일 예배 때만 있었다. 예배 이후 오전 시간과 점심 식사 이후의 오후 시간은 주로 성서 주석과 종교 개혁자들의 신앙 고백서 연구에 사용되었고, 또한 설교학, 상담학, 예배학, 교회론, 목회학 등을 공부하였다. 저녁에는 토의 시간이 있어서 주로 독일의 현 상황에 대한 자유 토론을 하였다. 그 이후 저녁 예배와 그에 이은 또 한 번의 30분간의 명상이 있었다.

핑켈발데 신학교 시절의 본회퍼는 예수 그리스도를 따르는 제자직(discipleship)에 관심이 높았다. 그는 정말 하나님의 사람으로 거듭나기 위해서는 공동체 생활이 있어야 한다고 믿었기 때문에 학생들과 함께 공동체 생활을 시도하면서 그것을 "형제의 집"이라고 불렀다. 여기에서 그는 함께 살고, 함께 기도하며, 함께 성경 말씀을 묵상하고, 서로 죄를 고백하며, 또한 함께 노동하고, 함께 음악을 듣는 삶을 시도했다. 이런 삶의 경험을 통해 그는 현대 영성 신학의 고전이 된『성도의 공동생활』과『나를 따르라』를 썼다. 이 책들은 일종의 성경 묵상집으로서 예수를 믿는 사람이 이 시대를 어떻게 살아야 하는가를 평이하게 기록한 것들이다. 여기에서 그는 앞에서 말한 바르멘 선언의 정신을 반영해, "주님 되신 예수 그리스도는 우리의 절대를 요구하신다. 예수 그리스도는 우리를 불러 죽으라고 하신다"면서 철저히 예수의 제자로 살아가는 삶을 강조하고 있다.

하지만 핑켈발데 신학교와 형제의 집 시절은 오래가지 못했다. 1937년 나치 독일은 이 학교를 폐쇄하였고, 교장이던 본회퍼를 추방하였다. 이 때부터 본회퍼는 죽을 때까지 일정한 주소를 갖지 못하고 여기저기 떠돌아다녀야 했다. 나치 독일이 이미 그를 요주의 인물로 보고 있었기 때문이었다. 그는 가능한 모든 방법들을 동원하여 영국과 미국을 비롯한 여러 나라의 교회 지도자들에게 히틀러의 진상을 알리고, 또 독일 사람들을 위해 기도해 달라고 부탁하였다. 이런 활동 중에 그는 미국 뉴욕의 유니온 신학교의 초청을 받아 미국으로 건너갔다. 미국에 있던 그의 친구 폴 레만은 본회퍼의 미국에서의 일정을 다 잡아 놓고, 전쟁이 끝나고 나치 독일이 패망할 때까지 미국에 머물러서 강의와 연구를 할 것을 부탁했다. 그러나 본회퍼는 미국에 도착한 직후 자기가 잘못 왔다는 것을 깨달았다. 이 당시의 정황을 그는 이렇게 기록하고 있다:

나는 유니온 신학교의 학장인 코핀 박사의 집 정원에 앉아서 나의 상황과 민족의 상황을 생각하고 기도할 기회를 가졌다. 그리고 그때 나를 향한 하나님의 뜻은 분명해졌다. 미국에 온 것은 잘못된 결정이었다. 우리 민족이 수난당하고 있는 이때 나는 독일의 그리스도인들과 운명을 함께해야 한다. 만일 이 때에 나의 백성과 함께 고난받지 않는다면 전쟁이 끝난 후 나는 독일의 재건에 참여할 권리를 가질 수 없을 것이다.

폴 레만은 이번에 돌아가면 본회퍼가 무사하지 않으리라는 것을 알고 어떻게든 그의 결심을 돌이키고자 했다. 하지만 본회퍼는 사자 굴에 던져질 것을 알면서도 믿음을 지켰던 다니엘의 심정으로 독일로 떠나는 마지막 배를 탔다. 그리고 배 안에서 이렇게 썼다. "미래에 대한 나의 내적 번민은 없어졌다. 나는 마음의 자유와 평화를 되찾았다." 뒷날 그는 「자유를 찾는 길」이란 시를 썼는데 이 시는 이 당시의 그의 심경을 잘 보여주고 있다.

하고 싶은 일을 하려고 하지 말고 옳은 일을 하려고 하라.
가능한 것 속에 떠 있지 말고 용감하게 현실적인 것을 붙잡으라.
자유는 사고의 도피 속에 있지 않으니 그것은 행동 속에만 있다.

소심한 망설임에서 삶의 풍파 속으로 나오라.
하나님의 계명과 신앙만을 의지하라.
그리하면 자유는 기쁨으로 네 영혼을 맞이하리라.

　만약 본회퍼가 미국에 그냥 남았다면 그는 소원대로 몇 권의 좋은 책을 썼을 것이며, 20세기 중반 이후의 가장 탁월한 신학자 중 한 명으로 이름을 떨쳤을 것이다. 하지만 그는 수난당하는 조국과 교회와 함께하기 위해 돌아왔고 이로 인해 마침내 죽음에 이르게 되었다. 그는 이 결심이 양심에 비추어 올바른 것이라고 확신하고 있었고, 이 귀환으로 인해 우리는 학자 본회퍼는 얻지 못했으나 예수 그리스도의 종 본회퍼를 가지게 되었다.

　독일로 다시 돌아온 본회퍼는 히틀러 정권을 전복하는 지하운동에 깊이 가담하게 된다. 매부이자 독일의 대법관이었던 도나니를 통해 독일 군대 내의 히틀러 전복 운동에 참여하게 된 것이다. 하지만 히틀러 제거 운동에 참여할 때까지 본회퍼는 많은 신학적 숙고의 시간을 가져야만 했다. 그는 그의 조국인 독일을 사랑하였다. 그러나 히틀러가 총통으로 있는 한 독일의 패망을 하루라도 빨리 가져오는 길만이 진정 조국을 사랑하는 길이라고 믿었다. 또한 그는 그리스도의 산상수훈에 나타난 사랑의 힘을 믿는 목사요 신학자였다. 그런데 이런 그가 왜 폭력으로 히틀러를 살해하는 운동에 참여하게 되었을까? 여기에 대해서 본회퍼는 이런 말을 남기고 있다. "만일 미친 사람이

대로로 자동차를 몰고 간다면 목사로서의 나는 그 차에 희생된 사람들의 장례식을 치러주고 그 가족을 위로하는 것으로 책임을 다했다고 할 수 있겠는가? 만일 내가 그 자리에 있었다면 자동차에 뛰어올라 그 미친 사람의 손에서 핸들을 빼앗아 버려야 하지 않겠는가?" 아마도 이 말이 본회퍼의 입장을 설명할 수 있을 것이다. 즉, 그는 억울한 사람들이 무수히 희생되는 것을 방조하는 죄보다는 히틀러를 죽이는 죄를 범하는 것이 차라리 낫다고 보았던 것이다. 하지만 동시에 그는 이것 역시 살인하지 말라는 계명을 위반하는 것임을 인식하고 있었다. 그러나 그는 인간은 구체적인 현실 속에서는 언제나 최선 아닌 차선을 선택할 수밖에 없음을 말한다. "우리는 최선을 다해 매 순간 가장 적절한 윤리적 결단을 해야 한다. 그리고 그것에 대해 하나님의 용서를 구해야 한다."

하지만 1942년 가을 본회퍼가 관여하고 있던 나치 전복 음모는 중간에 발각되었고, 본회퍼는 매부인 도나니와 함께 게슈타포에 의해 체포되어 1943년 4월 5일부터 1944년 10월 8일까지 18개월 동안 테겔이라는 곳의 군대 감옥에 갇혔다. 하지만 아직 혐의가 분명하게 드러나지는 않았기 때문에 이 기간 중 그는 부모, 친구 그리고 그의 약혼녀인 마리아 폰 베테마이어에게 편지를 쓸 수 있었다. 그와 서신 교환을 가장 많이 한 사람은 그의 학생이자 친구이며 친척인 베트게였는데, 본회퍼가 죽은 후 이 편지들은 베트게에 의해 『옥중 서간』이란 이름으로 출판되었다. 이 편지들을 통해서 본회퍼는 성경 묵상, 이 시대의 교회가 가야 할 길, 그리스도를 따르는 삶의 의미 등을 단편적으로 표현하고 있다. 그러나 1944년 9월 22일 본회퍼가 포함된 히틀러 전복 음모에 가담한 사람들의 명단이 발견되고, 본회퍼가 적극적으로 가담했다는 움직일 수 없는 증거가 나타나면서, 그는 베를린의 게슈타포 감옥으로 옮겨졌고 바깥세상과 완전히 차단되었다. 1945년 1월 7일, 그는 다시 부켄발트 수용소로 옮겨졌고, 이 때부터 제2차세계대전이 끝나고 나치 독일이 패망할 때까지 본회퍼의 생사는 알려지지 않았다.

죽음을 눈앞에 둔 마지막 몇 달 동안의 본회퍼의 삶은 전쟁이 끝난 후 그와 함께 있었던 죄수들의 증언을 통해서 알려졌다. 그가 수용되어 있던 부켄발트 수용소에는 당시 히틀러에 저항하던 정치범들과 여러 나라의 전쟁 포로들이 있었는데, 그곳에서 본회퍼는 이들을 하나님의 말씀으로 격려하고 위로하는 목사로 섬겼다. 이 당시 본회퍼를 본 페인 베스트라는 사람은 이렇게 쓰고 있다. "본회퍼는 매우 겸손하고 부드러웠다. 그는 항상 지극히 작은 일 하나에도 기쁘고 행복해 했다. 살아있다는 단순한 사실 하나만도 그에게 깊은 감사의 분위기를 가지게 하는 것 같았다. 나는 그와 같이 진실한 사람은 별로 만나보지 못했다."

하지만 본회퍼 역시 인간이었다. 그는 감옥 창살 너머로 자유를 그리워했고, 사랑하는 가족과 친구들을 보고 싶어 했으며, 언젠가는 풀려나 약혼녀인 마리아와 함께 기쁘게 아이들을 키우는 꿈에 잠기곤 하였다. 하지만 그가 처한 환경은 수시로 그를 우울과 절망에 **빠뜨리곤** 하였으니 이 시기에 쓴 「나는 누구인가?」라는 시가 그의 마음을 잘 대변해 준다.

나는 누구인가?
사람들은 내가 감옥에 있지만
마치 영주가 자기의 성에서 나오듯
태연하고 명랑하고 확고하게 걸어 나온다고 한다.

나는 누구인가?
사람들은 내가 간수들과 대화할 때
자유롭고 다정하고 맑게
마치 명령하는 사람은 그들 아닌 나인 것처럼 행동한다
고 말한다.

나는 도대체 누구인가?
사람들은 내가 침착하게 미소 지으며 자랑스럽게
마치 승리에 익숙한 사람처럼
불행한 나날들을 지내고 있다고 말을 한다.

나는 정말 사람들이 말하는 것과 같은 자일까?
그렇지 않으면 다만 나 자신만 알고 있는 자에 지나지 않는가?
새장 속의 새처럼 불안하게, 그리워하다 병이 들고

목을 졸린 사람처럼 숨 쉬려고 몸부림 치고
색깔과 꽃과 새들의 노랫소리와
친절한 말과 이웃들을 그리워하며
폭행과 사소한 모독으로 인해 분노로 떨며
큰 사건에 대한 기대에 사로잡히고
멀리 떨어져 있는 친구를 그리워하다 낙심하고
기도하고 생각하고 창작하는 데 지쳐서 허탈에 빠지고
의기소침하여 모든 것에 이별을 고하려고 한다.

나는 도대체 누구일까? 전자일까 후자일까?
오늘은 이런 인간이고 내일은 다른 인간일까?
……
나는 도대체 누구인가? 이 고독한 물음들이 나를 비웃는다.
내가 누구이건
오, 하나님 당신은 아십니다.
나는 당신의 것입니다.

한 인간으로서 본회퍼는 모든 다른 사람과 마찬가지로 외로움과 고통 그리고 깊은 절망을 경험하였다. 그러나 그는 자기 인생의 뿌리를 하나님 안에 깊이 박고 있었기 때문에 그를 엄습하는 모든 어둠의 시간을 극복해 갈 수 있었다. 하지만 그것은 언제나 그렇듯이 길고 긴 싸움을 통해서였다.

마침내 본회퍼에게 죽음의 순간이 찾아왔다. 1944년 4월 8일 아침 그는 함께 있는 죄수들과 짧은 예배를 드렸다. 그는

「이사야」 53장 5절의 "그가 채찍에 맞음으로 우리가 나음을 입었도다"는 본문을 읽고 간단한 기도를 했다. 그리고 곧 사형장으로 끌려가 교수형을 받았다. 이때 있었던 일을 페인 베스트는 이렇게 전하고 있다. "본회퍼 목사는 짧은 예배를 인도하고 우리에게 말씀을 전했다. 그것은 우리의 마음을 감동시켰다.……그의 마지막 기도가 끝나기도 전에 문이 열리고 사복을 입은 두 사람의 간수가 들어와 이렇게 말했다. "죄수 본회퍼, 우리와 같이 간다." '우리와 같이 간다'는 말은 죄수들에게는 한 가지, 곧 교수대를 의미할 뿐이다. 그때 본회퍼는 우리를 한 명씩 천천히 둘러보면서 이렇게 인사했다. "이것으로 끝입니다. 그러나 이것은 새로운 삶의 시작이기도 합니다."

1945년 4월 9일 새벽에 본회퍼는 교수형을 받았다. 우리는 그 때의 교도소 의사로부터 최후의 광경을 전해 들을 수 있다. "아마 아침 5시에서 6시 사이였던 것 같다. 죄수들을 감방에서 불러내다가 선고문을 읽었다. 그 가운데는 카나리스 제독, 오스터 장군, 자크 판사 등이 있었다. 감옥 건물 안 한 방의 반쯤 열린 문을 통해 나는 본회퍼 목사를 보았다. 그는 죄수옷을 입은 채 꿇어앉아서 열심히 기도를 하고 있었다. 그의 기도의 열심과 확신은 나에게 깊은 감동을 주었다."

이윽고 아침이 왔고 죄수들은 옷을 벗으라는 명령이 내려졌다. 그들은 나무들 아래 있는 작은 계단을 내려가서 준비된 사형 집행장에 왔다. 사형을 받을 사람들에게 잠시 동안의 시간 여유가 허락되었다. 본회퍼는 부드러운 봄의 숲 속의 교수대 아래서 벌거벗겨진 채 꿇어앉아 마지막 기도를 드리고 있었다. 5분 뒤에 그의 삶은 끝났다. 그의 나이 39세였다. 본회퍼가 죽은 지 3주 후에 히틀러는 자살했고, 한 달 뒤에 독일 제3제국은 무너졌으며 히틀러의 희생자들은 자유를 얻었다.

본회퍼에 대한 이야기는 입에서 입으로 조금씩 전해졌고, 마침내 이 시대에 예수 그리스도를 믿고 따르는 제자의 삶의 중요한 한 모형이 되었다. "한 알의 밀이 땅에 떨어져 죽지 아니하면 한 알 그대로 있다. 하지만 죽으면 많은 열매를 맺는다."

본회퍼의 의미

본회퍼의 삶과 사상이 오늘 우리에게 주는 의미 혹은 도전은 무엇일까? 나는 여기에서 세 가지 점이 중요하다고 생각한다. 첫째로 진실한 신앙인의 삶은 무엇인가 하는 점이다. 그는 오늘을 살아가는 우리들에게 예수의 제자로 살고 있는가 아니면 단지 하나의 종교인으로 살고 있는가 하는 질문을 던진다. 본회퍼의 신학은 복종의 신학이요 예수 그리스도의 주 되심을 몸 전체로 고백하고 입증하는 신학이었다. 그의 생애 전체는 예수에게 온전히 복종하는 삶이었으니, 그의 생애가 그의 신학의 가장 훌륭한 주석이라고 할 수 있다. 본회퍼에게 있어서 예수 그리스도는 그저 믿음의 대상 정도가 아니라 사나 죽으나 들어야 할 생명의 말씀이요 온몸과 마음을 바쳐 따라가야 할 주님이었다. 이 점에서 그는 그저 교회 출석하는 정도로 만족하는 오늘날의 많은 그리스도인들에게 경종을 울린다.

본회퍼가 보여주듯이 예수를 따르는 길은 단순한 종교인의 삶이 아니라 예수만 바라보며 살고, 예수 때문에 기꺼이 고난도 당하며, 오직 예수만이 절대적 주님이심을 고백하며 살아가는 삶이다. 본회퍼는 "예수 그리스도는 우리를 불러 죽으라고 하신다"라고 말한다. 과연 오늘 우리는 예수의 제자로 살고 있는가 아니면 하나의 종교인으로 살고 있는가? 본회퍼의 도전은 너무나 엄중하고도 무겁다.

본회퍼가 던지는 두 번째 도전이 있다. 그것은 그리스도인들은 기본적으로 '이웃을 위한 삶'을 살아야 한다는 점이다. 본회퍼는 『옥중 서간』에서 놀라운 통찰력으로 시대의 변화를 읽는 가운데, "종교의 시대는 사라졌고 세계는 성년이 되었기 때문에 이제 그리스도인들은 특정한 종교적인 영역이 아니라 철저히 세상 안에서 예수 그리스도의 제자로 살아야 한다"고 말하며 이런 제자의 삶은 그리스도께서 세상을 위하여 자신을 드렸듯이 이웃을 위한 삶으로 나타날 수밖에 없다고 한다. 그에 따르면 그리스도인들은 철저히 이웃을 위한 존재(the being for others)이다.

그런데 오늘날 너무나 많은 교회들이 교회 내부에만 관심을 쏟고 있다. 교회 예산과 프로그램의 많은 부분들은 교회 내부만을 지향하는 가운데 사람들이 실제로 살고 있는 '세상'이 하나님의 땅이요 구체적인 선교와 봉사가 이루어지는 곳임을 망각하고 있다. 이런 흐름에 대하여 예수 그리스도의 종 본회퍼는 오늘도 그리스도인의 삶은 세상 안에서의 삶이요 이웃을 위한 삶임을 온몸으로 힘 있게 일깨우고 있다.

본회퍼의 삶이 우리에게 던지는 세 번째 메시지는 우리의 궁극적인 소망은 오직 하나님께 있다는 사실이다. 교수대를 향해 걸어가면서 그는 그의 동료 죄수이자 교인들에게 "이것으로 끝입니다. 하지만 이것은 또한 새로운 시작입니다"는 마지막 인사말을 남겼다. 그는 죽음이 모든 것의 끝이 아님을 믿었다. 죽음 이후에도 그의 삶을 판단하시는 하나님이 계시고 심판과 보상이 있음을 믿었다. 이 믿음이 있었기에 그는 옥중에서도 목사로 살아갈 수 있었다. 그렇다면 오늘 우리들은 삶의 소망을 어디에 두고 있는가? 오늘날의 많은 사람들은 돈과 명예, 사람들의 인정 같은 것에 소망을 두고 살아가고 있다. 배금주의(拜金主義)가 정점에 달하여 돈이 신의 자리를 차지한 이 시대에 하나님께 소망을 두며 사는 삶은 어떤 모습으로 나타날 것인가?

제2부

20세기 후반기의 신학

20세기 후반기 신학의 주요 특징

신학적 거인들의 소멸과 다양한 신학 운동의 등장

20세기 전반기와 비교해 볼 때 20세기 후반기의 신학은 무척 복잡하고 다양한 형태를 띤다. 우선 이 시기의 주요한 특징으로 신학적 거인들의 소멸과 다양한 신학 운동의 등장을 들수 있다. 20세기 전반기에는 칼 바르트, 루돌프 불트만, 폴 틸리히, 떼이야르 드 샤르뎅, 칼 라너 등의 대 신학자들이 있었으며 신학계는 대체적으로 이들을 중심으로 통일되어 있었다. 하지만 1960년대 이후 현재까지의 신학계에는 이전의 대가들만큼 영향력 있는 신학자들은 없다. 물론 오늘날에도 위르겐 몰트만, 볼프하르트 판넨베르크, 한스 큉, 존 캅, 데이빗 트레

이시, 구스타보 구티에레즈, 로즈마리 류터 같은 탁월한 신학자들이 있으나 이들 중 그 누구도 과거처럼 주도적인 역할은 하지 못하고 있다. 그리고 그 자리를 무척 복잡하고 다양한 신학 운동들이 메우고 있다. 공간적으로 볼 때에도 그동안 세계 신학계를 주도하였던 독일 신학 및 유럽 신학은 이제는 단지 하나의 중요한 신학 운동 정도로 그 위치가 축소되었고, 신학에 있어서 변방이었던 북미, 아시아, 아프리카 같은 지역에서 새롭고 창조적인 신학 운동이 계속 일어나고 있다. 최근의 신학은 서로 다른 무수한 빛깔의 신학들이 만나고 경합하는 백가쟁명의 시대로 특징지어진다.

신학 개념의 확장과 다양화

최근 신학의 또 다른 중요한 특징은 신학 개념들의 의미가 확장되고 무척 다양하게 되었다는 데에 있다. 이는 신학자들이 각자 속해 있는 상황에서 하나님, 그리스도, 성령, 죄, 구원, 교회의 본질과 사명 등의 주요한 신학 주제를 '다양하게' 이해하기 시작하였기 때문이다. 가령 전통 신학이 성 어거스틴의 영향 속에 죄를 교만과 불순종 및 정욕으로 본 데 비해, 여성 신학은 가부장 사회 속의 여성들의 경험에 근거하여 죄를 하나님의 형상을 가진 이로서 제대로 살지 못하게 하는 것으로 이해하며, 그렇게 만든 근본적인 (원)죄로 가부장 제도를 지적한다. 따라서 여성 신학은 구원을 여성들이 하나님의 형상으로의 자기 모습을 되찾는 것으로 보며, 이 점에서 과연 남성인 예수가 여성에게 해방을 가져올 수 있는가 하는 질문을 던진다. 또, 남미의 해방 신학은 죄를 주로 정치 경제적인 억압으로 보기 때문에 구원 역시 남미의 정치적 억압, 경제적 수탈, 문화적 소외에서의 해방으로 이해한다. 그런가 하면 생태계 신학은 죄를 생태계를 약탈하고 파괴하는 인간 중심주의와 그 이기심에서 찾으면서 하나님의 구원(해방)의 범위는 인간을 넘어 전 피조세계에까지 미친다고 가르친다. 이런 현상은 하나님, 그리스도, 성령, 교회의 본질과 사명 등의 다른 신학적 주제들에서도 똑같이 나타나고, 이로 인해 최근의 신학은 계속해서 일어나는 새로운 쟁점과 문제를 가지고 씨름하고 있다.

대화의 신학

20세기 후반 이후 신학의 또 하나의 특징은 대화를 지향하는 신학이라는 점이다. 최근의 신학자들은 과거의 어떤 신학자들보다 그들 신학의 상황성과 잠정성을 더 많이 의식하고 있으며 이런 의식 속에서 그들은 더 많이 대화하고 배움으로서 자신들의 한계와 약점을 극복하고자 노력하고 있다. 이런 대화는 단지 서로 다른 신학 운동들 사이에서 뿐 아니라 기독교와 다른 종교 사이에서도 이루어지고 있다. 이런 대화를 통한 신학적 성숙이 얼마나 이루어지느냐에 따라 이 시대의 신학이 정녕 지구촌의 고민과 문제에 대해 책임적으로 응답하는 신학으로 발전해 갈 것이냐 아니냐가 결정될 것이다.

신학의 교회성 및 실천성에 대한 강조

최근 신학의 다른 중요한 특징 하나는 신학의 교회성과 실천성을 강조하는 데 있다. 원래 신학은 하나님의 말씀을 섬기는 교회의 학문이었으나 학문성을 추구하는 가운데 점차 교회 현장에서 분리되었다. 특별히 서구 신학은 근대 서구의 인간 중심주의와 이성주의에 부합하는 신학을 전개하려고 하다 보니 다분히 추상적이며 사변적인 특성을 갖게 되었다. 하지만 최근의 신학은 이런 문제점을 극복하고 신학을 그 원래 자리인 하나님의 계시를 성찰하는 교회 안의 학문으로 이해하고자 한다. 여기에 더하여 최근 신학은 신학의 실천성, 곧 세상을 변혁하는 학문으로서의 신학이 되어야 함을 강조하고 있으니, 이런 경향은 다음의 네 가지 분야에서 분명하게 나타나고 있다.

첫째, 신학은 하나님과 인간 및 세계에 대한 이론적 설명으로 만족할 수 없고, 인간과 피조세계를 억압하는 악에 저항하며, 현실을 변혁하는 실천적인 것이 되어야 한다고 주장하는 여러 형태의 정치 신학 및 해방 신학의 등장을 들 수 있다.

둘째, 서사 신학(narrative theology)의 등장을 들 수 있다. 1970년대 이후 등장한 서사 신학은 종래의 신학이 기독교 신앙의 내용을 개념화, 체계화, 교리화시킨 것에 반해 신학의 우선적 관심은 성경의 서사(narrative), 곧 이야기(story)여야 한다고 주장한다. 그 대표자들에 의하면 하나님의 계시는 성경의 이야기(biblical narration)라는 형태로 교회에 주어졌으며, 교리

61

는 이 이야기를 철학적 도구를 사용하여 이해하고 정리한 것에 불과하다. 그렇다면 교회가 본래적으로 관심을 가져야 할 것은 성서의 이야기이며 교리는 그 이야기의 주인공인 예수 그리스도를 만나도록 돕는 도구에 불과하다. 따라서 그동안 지나치게 개념화되고 논리화되어 온 신학은 극복되어야 한다. 서사 신학은 신학이 교리 아닌 이야기로 전개될 때 그 추상화가 극복되며, 교회의 학문이자 삶의 학문이라는 그 원래적 자리를 다시 찾게 될 것이라고 주장한다.

셋째, 삼위일체론에 대한 새로운 이해이다. 서구 전통에서 삼위일체론은 오랫동안 삼위일체 하나님의 내적 비밀에 대한 탐구로 이해되어 왔다. 즉, 한 분의 하나님이 어떻게 성부, 성자, 성령의 독립된 세 인격으로 존재할 수 있느냐 하는 문제가 삼위일체 신학이 해명해야 할 중요한 과제가 되었고, 그러다 보니 삼위일체는 철학자 칸트의 말처럼 인간 이성으로는 알 수 없고 알아도 실제적 가치가 없는 교리로 간주되기에 이르렀다. 하지만 최근의 삼위일체 신학자들은 삼위일체 하나님에 대한 신앙이 원래 성경이 말하는 성부, 성자, 성령 삼위 하나님의 구원 사역에 대한 체험에서 출발했음을 지적하는 가운데, 이 교리를 그리스도교 공동체의 하나님의 구원 체험에 대한 신학적 정리이자, 그리스도인의 삶과 깊은 연관이 있는 구체적이며 실제적 교리라고 주장한다. 이런 관점에 근거하여, 어떤 신학자들은 삼위일체론에서 자유와 평등의 인간 공동체의 신학적 근거를, 어떤 이들은 가부장 제도의 극복과 여성과 남성의 진정한 파트너십의 이론적 토대나 생태계 신학의 기초를, 그리고 어떤 학자들은 종교 간의 대화를 위한 기독교적 근거를 찾고 있다.

넷째, 신학의 실천성과 현장성을 되찾으려는 최근 신학의 시도는 이론 신학과 영성 신학 사이의 오랜 분리를 극복하려는 노력에서 찾아볼 수 있다. 중세까지만 하더라도 이론 신학과 영성 신학은 긴밀히 연결되어 있었다. 안셀무스, 클레르보의 버나드, 토마스 아퀴나스, 성 빅톨 위고 같은 중세 신학자들에게 하나님에 대한 이론적 탐구와 성서 묵상과 기도를 통한 하나님 체험은 결코 분리될 수 없는 것이었다. 하지만 중세 말기의 스콜라 신학과 근대 계몽주의 이후의 이론 신학은 지나치게 논리화되고 개념화되면서 마침내 신학을 교회 안의 하나님 체험, 구원 체험과 분리된 하나님과 인간 및 세계에 대한 이론적 작업으로 축소시켜버렸다. 최근의 신학은 이런 분리를 극복하여 하나님에 대한 지적, 합리적 탐구와 그 하나님에 대한 영성적 체험 사이의 간격을 좁히고자 시도하고 있다.

앞에서 살펴보았듯이 최근 신학은 복잡하고 다양하다. 한때 신학계를 통일시켰던 대가들이 떠난 지금 신학계는 다양한 신학적 주장들과 진술들이 만나고 갈리는 백가쟁명의 시대를 지나고 있다. 하지만 이런 다양성 속에서 나는 최근의 신학들이 크게 해방, 대화, 생명이란 세 가지 용어로 정리될 수 있다고 본다. 즉, 최근 신학의 한 중요한 흐름으로 (라틴 아메리카의 해방 신학, 여성 신학, 흑인 신학, 아시아·아프리카의 신학처럼) 기독교의 복음을 현실 속의 정치·사회·문화적인 억압에서의 해방이란 관점에서 이해하는 신학 운동들이 있다. 둘째, 변화하는 사회 문화적 환경과 만나고 대화하는 가운데 기독교 신앙의 의미를 새롭게 이해하고 설명하려는 대화의 신학들이 있으니, 실재를 역동적이며 관계적인 것으로 이해하는 현대 정신과의 대화 속에 형성된 '과정 신학', 교회와 사회가 맺어야 하는 관계에 대한 성찰 속에 일어난 탈자유주의 신학과 개정주의 신학 사이의 논쟁, 탈근대성(postmodernity)을 말하는 시대정신과 대화하는 가운데 기독교 복음의 의미를 재구성하려는 '탈근대주의 신학(post-modern theology)' 그리고 세계 종교들과의 만남과 대화 속에서 이들의 의미를 신학적으로 자리매김하려는 '종교 신학' 등이 이 범주에 속할 것이다. 셋째로 핵전쟁 및 환경 위기 앞에서 '생명'을 신학의 화두로 삼고 신학 작업을 하는 흐름이 있으니, 여기에 속한 것으로는 생태계 신학, 반핵 신학, 생명 신학 등을 들 수 있다. 이제 아래에서는 해방, 대화, 생명이라는 세 가지 주제어 중 해방을 대변하는 신학으로서 라틴 아메리카의 '해방 신학'을, 대화적 신학의 중요한 예로서 '과정 신학'을, 마지막으로 생명이란 주제 아래에서 '생태계 신학'을 다룸으로써 최근 신학의 흐름을 대략적으로 살펴보도록 하겠다.

해방 신학 : 출애굽의 하나님, 해방의 하나님

해방 신학의 배경

남미의 해방 신학은 라틴 아메리카라는 억압의 상황에서 태어난 신학이다. 역사적으로 볼 때 남미는 극심한 정치적 억압과 경제적 수탈 및 그로 인한 엄청난 빈부 격차, 구조화된 실업과 문맹으로 특징지어진다. 남미의 비참한 상황은 서구세계의 식민지 개척으로 시작되었다. 그 선두주자였던 스페인과 포르투갈은 무자비한 방법으로 남미의 원주민들을 대량 학살하고 그 전통 문화를 파괴하였다. 그 뒤, 이 지역은 19세기 중반부터 영국과 미국의 신식민주의 정책(neo-colonial policy)에 의해 철저한 약탈과 경제적인 예속을 경험해야 했다. 제2차세계대전 이

해방 신학자 구스타보 구티에레즈.

후에 남미의 국가들은 명목상으로는 독립 국가가 되었고 미국을 비롯한 서구열강의 원조도 받았으나 그것이 이 지역의 정치적 자유와 경제적 평등을 가져오지는 못했다. 오히려 남미는 라틴 아메리카 내의 소수의 군부 관료 집단들(military oligarchies)을 앞세운 서구 국가들, 특히 미국에 더욱 철저히 예속되어버렸다. 서구의 여러 나라들이 내세운 근대의 진보, 자유, 평등, 기회와 같은 모토들은 라틴 아메리카의 경우에는 약탈, 가난, 억압, 불평등의 모습으로 찾아왔다. 라틴 아메리카의 해방 신학은 이런 억압의 상황 속에서 성경이 말하는 해방과 자유를 어떻게 이룰 수 있을까를 모색하는 가운데 태어난 '상황적인' 신학이다.

라틴 아메리카 해방 신학은 여러 영향 속에서 형성되었다. 그 첫 번째 영향은 교회는 인간의 존엄성을 높이고 사회구조를 인간적으로 만들기 위해 노력해야 한다는 제2차 바티칸 공의회의 사회적 가르침이었다. 제2차 바티칸 공의회의 영향 속에서 1968년 라틴 아메리카의 주교들은 콜롬비아의 메델린(Medellin)에서 열린 제2차 남미 주교 모임에서 교회의 중요한 사명 중 하나는 하나님의 백성으로서 가난한 자들의 인간으로서의 가치를 존중히 여기고 구조화된 사회악을 비판하며 극복하는 데 있다고 선포하였다. 해방 신학은 이 메델린 회의에서 1979년 푸에블라의 제3차 남미 주교단 회의까지의 약 11년 사이에 비약적으로 발전하였다. 해방 신학의 형성에 영향을 준 두 번째 요인으로는 1960년대 이후 서독에서 일어난 정치 신학(political theology)을 들 수 있다. 위르겐 몰트만(Jurgen Moltmann), 요한 벱티스트 메츠(Johann Baptist Metz), 도로테 쵤레(Dorothee Soelle) 등 제2차세계대전을 몸으로 겪은 젊은 신학자들은 나치 독일의 등장과 유대인 대학살(Holocaust)이 일어난 이유는 독일의 교회와 신학이 복음을 너무 개인주의적으로 이해해서 정치적인 보수 반동주의를 정당화했기 때문이라고 비판하면서 기독교 복음의 정치적 책임성을 강력하게 주장하였다. 이 중 몰트만은 예수가 선포한 하나님의 나라는 정치적 요소를 그 안에 품고 있기 때문에 올바른 정치적 선택과 결단을 하는 것 역시 신앙의 본질이라고 외쳤다. 또한 메츠는 예수의 십자가 죽음은 로마의 억압구조에 대한 예언자적 항거의 죽음, 곧 정치적 죽음이었고, 이 죽음은 불의한 정치체제를 위협하는 위험한 기억(the dangerous memory of the death of Jesus Christ)이며 교회는 이 위험한 기억에 의해 형성되고 그것에 의해 살아가는 공동체이기 때문에, 교회의 삶은 고난당하는 이들과의 연대 속에서 잘못된 정치구조에 대한 비판과 저항으로 특징지어지는 정치적인 삶이어야 한다고 하였다. 해방 신학은 이런 독일의 정치 신학을 받아들이되 그것을 그들의 상황 안에서 더욱 철저화시켰다. 해방 신학의 형성에 미친 세 번째 주요한 요인으로 칼 마르크스의 사상을 들 수 있다. 마르크스는 자본주의가 발전할수록 자본가와 노동자 사이의 빈부 격차는 더욱 커지고 노동자들은 그들의 노동에서 소외되어 비인간화된다고 하였다. 따라서 그는 자본주의에 의해서는 부의 균등한 분배로 인한 인간적 삶이 이루어지지 않으며, 현실 변혁은 프롤레타리아의 단결된 힘에 의한 혁명 외에는 없다고 가르쳤다. 해방 신학자들은 1950년대와 1960년대의 미국의 후원에 의한 개발 독재의 시기가 더 큰 빈부 격차를 낳은 것을 보면서 마르크스의 이런 사회 비판을 받아들인다. 곧 이들은 남미의 정치적 억압과 사회·경제적인 수탈을 극복하는 길은 미국식 자본주의가 아닌 사회의 총체적 혁명, 곧 해방의 길이라고 본다. 하지만 이들은 마르크스주의를 자본주의 체제를 비판하고 새로운 사회 질서를 모색하는 수단으로 받아들일 뿐 다른 부분 ─가령 무신론─을 받아들이지는 않는다.

해방 신학의 주요 신학자들로는 구스타보 구티에레즈, 얀 소브리노(Jon Sobrino), 레오나르도 보프(Leonardo Boff), 이그나시오 엘라꾸리아(Ignacio Ellacuria), 호세 미란다, 호세 꼼블린 (Jose Comblin) 등을 들 수 있다.

해방 신학의 특징

해방 신학이 가진 첫 번째 특징은 그것이 구조적인 가난 속에 고난당하는 사람들의 삶에서 형성된 신학이라는 데 있다. 해방 신학은 몇 명의 신학자들이나 해방을 지향하는 일부 혁명 집단들에서 유래한 것이 아니라 남미의 고난받는 가난한 백성들의 신앙에 근거한 절망과 희망에서 태어났고, 이 점에서 여유로운 삶에서 형성된 서구 신학과 근본적으로 구별된다.

둘째, 그것은 사회 변혁(해방)을 지향하는 신학이다. 전통적으로 교회는 자신의 주된 사명을 복음 전파로 인한 죄의 회심과 개인 영혼의 구원이라고 생각해 왔다. 해방 신학 역시 이런 문제에 관심을 보이지 않는 것은 아니지만, 우선적 과제를 사회 정의를 이루어 억눌리는 자들을 해방시키는 데 둔다. 그 이유는 라틴 아메리카의 상황에서 가장 우선적이고 긴급한 것이 사회 정의와 평등의 실현이라고 보고 있기 때문이다.

셋째로 해방 신학은 열정적이며 예언자적이고 종말론적인 신학이다. 서구 신학은 신학의 가치를 그것이 얼마나 합리적이며 보편타당성을 가지는가 하는 점에서 찾았다. 하지만 해방 신학은 신학의 가치를 그것이 얼마나 사회를 변화시키고 평등과 자유를 가져오는가 하는 데서 찾는다. 따라서 이 신학은 논리적, 교리적, 객관적이라기보다 열정적이며 예언자적이다. 그것은 현실을 고발하는 데 있어서는 구약 예언자들의 사회 비판적 언어를, 그 최종적 목표를 말하는 데서는 유토피아적이며 이상주의적인 언어를 사용한다. 실상 해방 신학이 비판을 받고, 그 주요 대변자들이 가택에 연금되고 통신과 저작의 제한을 받으며 투옥되고 심지어 학살까지 당했던 주된 이유는 그들이 복음의 빛으로 주어진 현실을 계속해서 비판해 왔기 때문이라고 할 수 있다.

넷째로 해방 신학은 처음부터 분명하게 가난한 자들을 편드는 당파성의 신학을 전개한다. 해방 신학자들에 의하면 남미의 상황에서 교회는 지배자들과 피지배자들의 중간에 중립적인 자세로 서 있을 수 없고 우선적으로 가난한 자들 편을 들어야 한다. 곧 해방 신학은 가난한 자들을 위한 편애(preferential option for the poor)를 그 실천의 중심으로 삼는다. 그런데 해방 신학이 가난한 자들 편을 드는 이유는 단지 남미의 상황 때문만은 아니며 그것이 성경의 정신이라고 보기 때문이다. 해방 신학에 의하면 가난한 자들을 위한 우선적 선택은 구약과 신약 전체를 관통하는 위대한 성경적 정신이다. 성경 전체는 가인과 아벨의 이야기부터 요한 계시록에 이르기까지 하나님이 사회적 약자와 억눌리는 자들을 우선적으로 돌보시며 편애하신다는 기사로 가득 차 있다. 따라서 가난한 자를 위한 우선적 선택 혹은 가난한 자 편을 드는 것은 반드시 지켜져야 한다고 주장한다. 더 나아가 해방 신학은 하나님이 가난한 자들 편에 우선적으로 계시고 그들을 우선적으로 돌보기 때문에 가난한 자들이야말로 진정으로 하나님을 바로 이해할 수 있다고 한다.

해방 신학의 죄, 구원, 그리스도 이해

해방 신학은 죄를 사회구조적인 맥락 안에서 이해한다. 즉, 해방 신학에 있어서 죄는 우선적으로 사회·정치적인 것이다.

그것은 하나님이 원래 의도하신 자유와 평등 그리고 사랑의 공동체로서의 인간 사회를 파괴하는 악의 힘을 가리킨다. 해방 신학의 이런 죄 이해의 특징은 죄의 개인성과 보편성을 강조해 온 서구 신학의 죄 이해와 비교해 볼 때 분명히 드러난다.

또한 해방 신학은 그리스도를 무엇보다 먼저 총체적 구원, 곧 해방을 가져온 이로 이해한다(해방자 그리스도). 특히 이 신학은 예수가 선포하셨던 하나님의 나라는 해방과 자유의 나라였음에 주목한다. 엘살바도르의 예수회 해방 신학자 얀 소브리노(Jon Sobrino)에 의하면 예수는 가난한 민중들과 함께 살았고 그들을 사랑했으며, 하나님 나라는 그들 위에 먼저 임한다고 가르쳤다. 하지만 이런 삶과 메시지는 당시의 지배계층과 마찰을 일으킬 수밖에 없었고 이 점에서 예수의 십자가 죽음은 예상된 귀결이었다. 하지만 하나님은 예수를 다시 살리심으로 그가 전한 자유와 해방의 하나님 나라가 옳은 것임을 공적으로 승인하셨다. 그리고 이제 하나님은 예수를 따르는 이들이 최후의 승리를 기대하면서 사회적 부정의와 억압에 대해 저항하는 삶을 살기를 원하신다고 말한다.

바로 이 점에서 해방 신학은 교회를 하나님 나라를 선포하신 예수를 뒤따르는 공동체이자 하나님 나라를 이 땅에 구현하는 공동체로 이해한다. 곧 해방 신학에 있어서 그리스도인이 된다는 것은 역사 속에서의 하나님의 자유와 해방에 참여하는 것을 뜻한다. 특히 해방 신학은 하나님의 백성으로서의 교회는 남미의 경우 가난한 사람들의 바닥 공동체(base community)로 나타난다고 보고, 이런 관점에 근거하여 로마 가톨릭 교회의 권위주의적이고 계층질서적인 교회 이해를 비판한다. 즉, 대부분이 가톨릭 신부들인 해방 신학자들은 가톨릭 교회의 계층질서적인 교회 이해를 비판하면서, 교회를 하나님의 자유와 해방의 영이 깃든 곳에서 자연 발생적으로 형성되는 그리스도인의 공동체로 이해한다.

해방 신학의 도전

이 같은 해방 신학에서 우리가 배워야 할 것은 무엇일까? 우선 그 상황적 충실성을 들 수 있다. 해방 신학은 라틴 아메리카의 억압의 경험으로 성경과 교회 역사를 읽고 거기에서 얻은 통찰과 힘으로 사회를 변혁하고자 하는 상황적 신학이다. 곧 해방 신학이 영향력 있는 신학이 된 것은 기독교적 전통을 소중히 여기면서도 그것을 구체적 현장에 적절히 상황화시킨 데 있다고 할 수 있다. 따라서 해방 신학에서 배운다는 것은 단순히 그것을 반복하는 것이 아니라 오늘 우리 한국의 구체적인 상황에 적실한 신학을 함께 만들어가야 함을 뜻한다. 다시 말해 더 이상 수입 신학에 의존하지 말고 오늘의 한국 교회와 사회에 적절한 신학을 형성하라는 도전을 던지고 있는 것이다.

둘째, 해방 신학은 하나님을 찾고 만남에 있어서 가난하고 고난당하는 이들의 중요성을 지적해 준다. 해방 신학이 지적하는 것처럼 하나님은 가난의 고통 속에 울부짖는 사람들에게 우선적 관심을 가지신다. 그렇다면 교회는 보다 더 가난한 사람들 가운데 있어야 할 것이다. 해방 신학은 "가난한 사람들이 교회의 재산이다"고 한 어느 종교 지도자의 말을 심각하게 고려하도록 그리스도인들에게 도전하고 있다.

셋째, 해방 신학은 복음이 기본적으로 총체적인 구원의 메시지임을 잘 말해주고 있다. 오늘날 한국 교회는 예수 그리스도의 구원을 다분히 개인 영혼의 구원으로 축소시킨 면이 없지 않다. 하지만 성경이 말하는 복음은 개인의 회심과 성숙 및 사회 변혁을 다같이 포함하는 것이며 여기에 대한 헌신 역시 총체적이며 절대적인 헌신이다. 이 점에서 해방 신학은 복음을 다분히 개인주의적이며 내세 지향적으로 해석함과 동시에, 자본주의 사회 속에서 소비지향적인 모습을 보이고 있는 오늘날의 한국 교회에 복음을 보다 총체적으로 이해하고 또한 그렇게 살아가도록 도전하고 있다고 하겠다.

과정 신학 : 변화의 하나님

과정 신학은 미국에서 태어나 다분히 북미(미국과 캐나다)의 현실과 정신을 반영하는 신학이다. 넓은 의미에서의 과정 신학 (Process theology)은 현실을 이해하는 데 있어서 사건(event), 되어 감(becoming), 관계성(relatedness) 등을 실체(substance)나 존재 (being)보다 더 본래적 범주로 보는 신학이다. 하지만 오늘날 과정 신학이라고 했을 때는 화이트헤드(Alfred North Whitehead, 1861~1947)와 하트숀(Charles Hartshorne, 1897~2000)의 영향을 받아 1960년대 미국의 시카고 대학 신학부를 중심으로 형성된 특정한 신학 운동을 가리킨다. 이 운동의 대표자로는 위의 두 사람 외에 다니엘 윌리엄스(Daniel Day Williams), 슈베르트 오그덴(Schubert Ogden), 존 콥(John B. Cobb Jr.), 노만 피텐저(W. Norman Pittenger), 루이스 포드(Lewis S. Ford) 그리고 데이빗 레

이 그리핀(David Ray Griffin) 등을 들 수 있다.

과정 신학의 기본 원리

˙ 과정 신학의 구체적 내용에 대해서는 그 대표자들 사이에서
도 조금씩 생각이 다르나 다음의 세 가지가 과정 신학의 핵심
적인 요소라는 데는 대체적으로 동의할 것이다. 첫째, 과정 신
학은 정말로 실재하는 것은 존재(being)가 아니라 변화(change)
혹은 과정(becoming)이라고 본다. 고대 그리스의 철학자인 파
르메니데스 이후 서구 철학은 변화하고 소멸되는 세계 이면에
있는 변하지 않는 영원하며 궁극적인 실재를 탐구해 왔다. 하
지만 과정 신학자들에 의하면 불변하는 존재(being)란 시간의
흐름 속에서 되어 가는 것(becoming)의 한 순간을 절단하여 추
상화시킨 것으로, 그런 것은 결코 존재하지 않는다. 설혹 그런
것이 존재한다고 해도 그것은 죽은 것에 불과하다. 왜냐하면
진정 존재하는 것은 시간 안에서, 다른 것들과의 관계 속에서,
모두 끊임없이 계속 변화되어 가기 때문이다. 화이트헤드는 이
처럼 관계 속에서 끊임없이 변화되어 가는, 실재의 가장 기본
적인 요소들을 현실적 계기들(actual entities)이라고 부르는 데,
그에 의하면 우리들이 보통 객체들 혹은 대상들(objects)이라고
부르는 것은 실제로는 이 현실적 계기들(actual occasions)의 집
합체 내지 사회(society)에 불과하다. 즉, 과정 신학은 존재하는
모든 것은 유시간적(temporal)이어서 경험될 수 있는 것이며 계
속 변화되어 가는 과정 속에 있다고 본다. 간단히 말하여 과정

손주 및 아내와 함께한 과정 신학자 찰스 하트숀.

과 변화야말로 만물의 궁극적 원리라는 것이다.

둘째, 과정 신학은 각각의 현실적 계기는 자기 결정적으로 미래의 가능성을 향해 나아가는데, 이렇게 될 수 있게 하는 궁극적인 힘을 사랑의 유혹(lure of love) 혹은 매력의 설득(persuasiveness of attraction)이라고 한다. 즉, 과정 신학은 세계를 움직여서 새로운 단계로 가게 하는 근본적인 힘은 강제력이나 폭력이 아니라 사랑의 설득으로, 이것이 바로 하나님 혹은 하나님의 힘이라고 본다.

셋째, 과정 신학에 의하면 하나님도 이 세계와의 관계 속에서 끊임없이 미래의 가능성을 향해 새롭게 결단하며 변화되어 가는 존재이다. 즉, 과정 신학은 신을 세상과 마주 보고 있는 불변하는 절대자로 보지 않고 끊임없이 관계 맺으며 그 관계 속에서 계속 변화되어 가는 실재의 원리들의 주된 예증(exemplification)으로 본다. 화이트헤드에 의하면 신은 현실화의 과정을 계속되게 하며, 또 질서 잡는 실재이며, 또한 이 과정들을 통해 새로움(novelty)이 나타나도록 하는 실재이다. 즉, 신은 이 세상의 모든 것과 관계 맺으면서 끊임없이 자기를 변화시켜 나아가는 존재라는 것이다.

과정 신학의 신이해

오늘날의 대표적 과정 신학자의 하나인 존 콥(John Cobb Jr.)은 과정 신학의 신 이해를 전통적인 신 이해인 기독교 유신론(Christian Theism)과 비교해서 다음의 다섯 가지로 설명하고 있다.

변화하며 함께 공감하는 하나님 : 그리스 철학의 영향 아래 형성된 전통적인 유신론은 하나님을 변하지 않는 무감각한 절대자로 이해하였다. 곧 전통적 유신론은 신은 완전하기 때문에 피조물처럼 변화와 기쁨, 슬픔, 고통을 느끼지 않는다고 하였다. 하지만 이런 신 이해는 피조물에 대한 사랑 때문에 계속 자기 생각을 바꾸시는 성경의 하나님(가령 아브라함의 간청으로 소돔과 고모라에 대한 심판의 기준을 계속 바꾸시는 하나님)과는 분명히 구별된다. 과정 신학자들은 고전적 유신론은 신의 불변성(unchangeability)과 무감동성(impassibility)이라는 철학적 개념에 사로잡혀 성경의 역동적 신 이해를 놓쳐버렸다고 비판하면서, 하나님은 변하실 수 있고 또 감정이 있는 분임을 주장한다. 이들에 의하면 변할 수 없거나 감정이 없는 신은 불완전한 신이요 죽은 신이며, 반면에 피조물의 기쁨과 슬픔, 고통에 깊이 참여하여 공감하고, 그 자신도 그러한 감정들을 느끼면서 변화되는 하나님(passible and changeable God)이야말로 참다운 하나님이다.

세계를 즐김(향유)으로 인도하는 하나님 : 전통적 유신론은 하나님을 우주의 도덕적 원리의 창시자이며 집행자로 이해했다. 즉, 여기에서 신은 정해진 도덕 법칙에 따라 피조물에게 상벌을 내리시는 우주적 도덕가(a Cosmic Moralist)로 간주되었고, 이로 인해 기독교 신앙은 소극적으로는 하나님의 심판을 피하고 적극적으로는 현세와 내세의 보상을 얻는 수단 정도로 이해되면서, 결국 도덕주의·금욕주의적 특징을 띠게 되었다. 하지만 과정 신학에 의하면 하나님의 창조 목적은 피조물들이 그 삶을 기쁘게, 즐겁게, 행복하게 사는 데 있다. 그런데 이것은 결코 하나님의 도덕적 요구와 모순되지 않는다. 왜냐하면 하나님은 '모든 다른 존재들의 즐김'을 증가시키기를 원하시는 방식으로 우리의 즐김이 이루어지기를 원하시며, 이는 결국 모두를 위한 정의와 평등이라는 도덕적인 행위로 나타나기 때문이다.

사랑의 설복의 힘으로서의 하나님 : 전통적 유신론은 하나님의 속성 중 전능을 강조해 왔는데, 이 때의 전능은 논리적으로 모순되지 않는 일을 제외하고는 문자 그대로 '무엇이든 할 수 있음'을 뜻했다. 또한 그것은 하나님이 세계 과정의 모든 세세한 부분까지 간여하고 다스리심을 의미했다. 하지만 하나님의 전능이 이렇게 이해될 때 그것은 강압적인 법을 만들고 지키기를 강요하는 지배자의 힘과 유사한 것이 되어 결국 하나님을 우주 전체의 독재자로 만든다. 이는 인간의 자유와 충돌하며 이 땅의 악의 문제와 조화될 수 없고 마침내 인간의 자유와 책임성의 이름으로 신을 거부하는 인본주의적 무신론자들의 도전을 초래하게 된다. 또한 이때 하나님은 남성적 존재,

곧 천상의 군주와 아버지로 이해되어 남성들의 여성 억압을 정당화한다. 무엇보다 이런 이해는 역사와 직접적인 관계없이 우주 저 위에 있는 신을 말하므로, 결국 성경이 말하는 살아 계신 하나님을 희생하게 된다. 여기에서 과정 신학자들은 하나님은 '무엇이든 할 수 있는 강제적인 힘'이 아니라 '사랑의 설득력'으로 이해되어야 한다고 주장한다. 존 콥에 따르면 성서는 세계의 모든 부분이 하나님에 의해 이루어진다고 말하고 있지는 않으니, 이는 하나님 외에도 주체적으로 자기 결정을 하는 존재들이 있음을 말한다. 곧 이 세상의 모든 현실성들은 부분적으로나마 자가-창조적이기 때문에 미래의 사건들은 아직 미결정 상태로 여러 가능성들 앞에 열려 있다. 신은 그 모든 것을 통제하려고 하지도 않고, 또 통제할 능력도 없다. 그 이유는 신은 사랑이신데 사랑은 그 속성상 사랑의 대상을 강제적으로 지배할 수 없기 때문이다. 대신 신은 인간을 포함한 이 세상의 모든 것들이 그 현실적 계기들에 있어서 최선의 선택을 할 수 있도록 끊임없이 사랑으로 설복하며 방향을 제시한다. 즉, 과정 신학자들에 의하면 하나님은 무엇이든 원하는 대로 할 수 있는 전능자가 아니라 사랑의 설복력이다. 하나님은 다른 이로 하여금 자유롭게 하고, 스스로 결정하게 하며, 창조성을 발휘하게 하고, 미래로 개방하게 하며, 스스로 책임적으로 살도록 한다. 그리고 이런 힘을 발휘하는 데 있어서 하나님은 무한하다. 따라서 하나님의 능력이 이렇게 이해될 때 그것은 결코 인간의 자유와 충돌하지 않는다. 오히려 인간의 자유는 하나님의 힘이 이 땅에서 계속 작용하고 있다는 표현, 하나님이 이 세계에 효과적으로 현존하신다는 증거가 된다. 즉, 과정 신학에 있어서는 인간의 자유를 향한 몸부림은 곧 하나님이 은혜로 현존하신다는 구체적 표현이다. 과정 신학자들은 하나님의 이런 사랑의 설복력이 예수 그리스도의 삶과 십자가 죽음에서 대표적으로 드러났다고 본다.

모험적인 사랑의 힘으로서의 하나님 : 앞에서 말했듯이 하나님은 모든 현실성들이 각자의 결단에 의해 최선으로 미래의 새 것을 만들어 갈 수 있도록 하기 위해 끊임없이 격려하고 설득한다. 따라서 하나님의 힘은 모험적인 사랑의 힘이며 현실의 질서에 대한 계속된 도전이며 극복이다. 곧 하나님은 끊임없이 새로운 가능성으로 이 세상의 모든 것들을 부르시는 분이며, 이 점에서 하나님은 불안정(unrest)의 근본적 원천이다. 화이트헤드는 이를 "순수한 보수주의자는 우주의 본질에 대항하여 싸우고 있다"라고 표현했다. 바로 이런 부분에서 과정 신학은 현실을 비판하고 변혁하려는 정치 신학적인 성격을 가지고 있다.

남성적이며 동시에 여성적인 사랑의 응답의 하나님 : 전통적 유신론은 하나님을 주로 우주의 절대 군주, 왕, 아버지와 같은 남성적 이미지로 표현하였다. 즉, 하나님은 능동적, 주체적, 무감동적이며, 그 세운 뜻은 결코 변하지 않는 천상의 한 힘 있는 남성으로 이해된 것이다. 하지만 과정 신학은 하나님에 대한 이런 이해는 결국 지나치게 남성 중심적인 기독교를 초래하였다고 보며, 하나님은 여성적 특질도 가지고 계신 분이라고 말한다. 이들은 하나님을 남성적이며, 또 여성적인 분으로 볼 때 우리는 보다 건강하고 균형 잡힌 하나님 이해를 할 수 있다고 주장한다.

과정 신학의 그리스도 이해

그리스도론은 언제나 기독교 신학의 중심을 차지해 왔다. 따라서 신학 운동들의 특징과 강점 및 약점은 그것들이 그리스도를 어떻게 이해하고 있는가에 따라 가장 잘 드러나게 된다. 그럼 과정 신학은 그리스도를 어떻게 이해하는가? 먼저 과정 신학자들은 교회가 예수 그리스도를 설명하는 데 사용해 왔던 로고스론에 주목한다. 이들에 의하면 로고스는 하나님의 원초적 본성, 곧 세계 안에 새로운 질서와 질서 잡힌 새로움을 만드는 원천과 동일하다. 곧 로고스는 피조물들을 그 사랑의 설복의 힘으로 이끌어 가려는 하나님의 최초의 목표(initial aim)인데, 바로 이런 로고스가 육화한 것이 그리스도라고 본다. 따라서 이렇게 본다면 그리스도는 모든 사물과 사건, 곧 모두 생명 및 무생명의 세계에 내재한다. 그 중에서도 로고스의 현존으로서의 그리스도는 생명의 세계에서 더욱 명백하게 드러난다. 특별히 사람과 같은 높은 수준의 유기체 속에서는 그리스도는 그들이 로고스의 최초의 목표에 순응하는 정도만큼 사람들 속에 내재한다. 곧 그리스도는 사람들이 로고스의 현존에 개방되고 그에게 순응하는 정도 만큼 그들 속에 임재하고 역사한다고 본다.

그럼 (로고스의 현현으로서) 그리스도와 (한 역사적 인물로서) 예수와의 관계는 어떠한가? 여기에서 과정 신학은 그리스도는 특별히 예수 안에서 온전히 나타났다고 주장한다. 그 이유는 인간 예수는 그의 삶의 모든 계기들을 완전히 올바르게 살아 갔고, 이로 인하여 로고스의 원초적 목적은 그를 통해 온전히 드러날 수 있기 때문이다. 좀더 구체적으로 말해보자. 매순간 마다 인간 주체는 조화롭지 못한 요소들로 가득한 현실세계를 만난다. 이러한 부조화들을 처리하는 데는 몇 가지 방법이 있을 것이다. 첫째, 모든 부조화의 요소들을 원천적으로 거부하거나 차단하는 것이다. 이 때는 조화는 이루어지나 강렬함은 상실되어 미래로 열려진 창조적 삶은 불가능하게 되며, 화이트헤드는 이를 무감각증(anaesthesia)이라고 부른다. 하지만 때로 부조화의 요소들을 모두 받아들여서 그것들을 조화로우면서도 포괄적이며 창조적인 형태로 변형시킬 수 있는데, 이때 그 행위자는 그 순간 하나님의 최초 목표(initial aim)를 이루게 된다. 곧 하나님의 최초의 목표가 화육하게 된다. 과정 신학에 의하면 예수는 바로 그의 삶의 모든 계기들을 오직 하나님의 이 최초의 목표만을 위하여 살아간 유일한 분이며, 이 점에서 바로 그리스도 그 자체였다는 것이다.

과정 신학의 교회 및 영성, 기도 이해

과정 신학의 그리스도 이해는 곧 교회 이해와 긴밀히 연결된다. 앞에서 우리는 과정 신학이 그리스도를 창조적 변화로 작용하는 화육된 로고스로 보고 있으며, 이 점에서 그리스도는 이 세상 모든 곳에서 구체적으로 나타나고 있다고 말하는 것을 보았다. 그런데 이런 그리스도의 활동은 그의 현존의 새로움을 구현할 수 있는 사람들 사이에서 특히 분명하게 나타난다. 즉, 그리스도는 어디에나 있으나 사람들이 자신들을 그에게 개방하며, 그의 말씀을 청종(聽從)할 때 더욱 분명하게 드러나는 것이다. 여기에서 과정 신학자들은 교회란 바로 이처럼 자신들을 그리스도에게 개방하고 그의 말씀을 청종함으로써 이루어지는 공동체이며, 이 점에서 그리스도의 몸이며 또한 성육의 연장이라고 한다. 즉, 교회란 그리스도 안에서 실현된 하나님의 사랑을 포착하고 그것에 참여하는 개인들로 이루어진 역동적이고 과정적인 사회라는 것이다. 멜러트(Robert Mellert)에 의하면 교회는 "시공 안에서 그 구성원 개개인들로 이루어진 하나의 연계체"로서 "예수에 대한 첫 신앙인들의 신앙과 그것에 영감을 받은 후계자들의 신앙의 결과이며, 이 신앙은 세계와의 대화를 통해 자신을 새롭게 형성하고, 그 결과로서 교회도 새롭게 한다. 이러한 의미에서 교회는 세계의 절실한 요구에 따라서 끊임없이 변화하며 갱신해 가고 있다." 즉, 과정 신학자들에 의하면 교회는 전통이란 이름으로 주어진 과거의 무수히 많은 계기들과 동시에 지금 그들 가운데 있는 그리스도의 인도(설복) 사이에 서 있으며, 그 가운데 주어지는 현실적인 계기들을 끊임없이 새롭게 포착(prehension)함으로써 자기를 계속 변화시켜 나아가는 역동적인 사회적 연계체이다.

과정 신학의 이런 교회 이해는 그것의 기도 및 영성 이해와도 연결된다. 과정 신학에 의하면 기도는 하나님과 우리가 계속되는 포착(prehension) 속에 서로 만나고 그 가운데서 함께 변화되어 가는 과정이다. 기도 속에 하나님은 우리를 포착하고, 우리는 하나님을 포착한다. 그리고 이 포착을 통해 우리는 우리의 의도를 숙여 하나님께 복종하며, 또 하나님은 우리를 받아들이면서 변화된다. 기도 안에서 우리가 성취하려는 것과 하나님이 성취하려는 것은 서로 만나며 하나로 통일된다. 기도 안에서 신은 우리의 기쁨과 슬픔에 함께 공감한다. 그리고 우리의 기도를 통해서 하나님은 그 우주적 사랑을 이루려는 목적을 실현해 간다. 과정 신학자 노만 피텐저는 이를 "기도 시에……우리가 (신을 향해서) 기도하는 것은 (신의) 목적의 완성에 기여한다……"라고 표현한다. 영성이란 바로 이처럼 하나님과 인간 존재 사이의 끊임없이 변화되어 가는 상호관계성에 대한 탐구이며, 또 그것의 이름이다. 즉, 과정 신학에서 영성이란 함께 기쁨과 슬픔을 나누는 동반자로서의 하나님과의 총체적 관계성을 지칭하는 것이다.

평가 및 정리

이상에서 우리는 과정 신학의 여러 면모를 살펴보았다. 이런 과정 신학을 다음의 몇 가지로 평가해 보자. 첫째, 과정 신학의 큰 공헌은 전통적인 고전적 유신론의 한계를 극복하는 대안을 제시하고 있다는 데 있다. 고전적 유신론은 여러 사람들에 의해 비판받아 왔는데 과정 신학은 그 중에서도 특히 논리적이면서도 설득력 있는 비판을 전개하며, 동시에 하나님을 철저히 관계적이며 변화하는 존재로 이해함으로써 변화와 과정에 큰 의미를 부여하는 시대정신에 잘 부합하는 신 이해와 실재 이해를 제공해 주고 있다.

둘째, 과정 신학의 또 다른 공헌은 20세기 이후 신학계의 가장 근본적인 문제의 하나인 악과 고난의 문제에 대해서 상당히 설득력 있는 답변을 제시해 준다는 데 있다. 하나님을 천상의 절대자요 전능자로 이해하는 고전적 유신론은 "세상의 악과 고난 앞에서 어떻게 전능하며 사랑이신 신적인 존재가 있다고 할 수 있는가" 하는 질문 앞에서 침묵할 수밖에 없다. 하지만 과정 신학은 하나님을 '무엇이든 할 수 있는' 전능자가 아니라 '사랑의 설복력'으로 이해함으로써 하나님에 대한 믿음과 악과 고난의 문제를 어느 정도 조화시킬 수 있게 한다. 즉, 과정 신학은 하나님의 '전능성' 대신 '사랑'을 말하며, 이 세상의 악과 고난은 많은 경우 인간의 잘못된 선택에 기인하고 따라서 책임적으로 극복해 가야 할 것임을 말함으로써, 이 문제를 논리적으로 상당 부분 해명해 주고 있다.

셋째, 과정 신학의 또 다른 공헌은 하나님의 일하심을 단순히 종교적, 영적인 측면에서만이 아니라 구체적 삶의 현실 속에서 보도록 하는 데 있다. 대체적으로 보아 교회는 하나님이 역사 속에 일하신다고 고백하면서도, 주된 관심은 개인 전도를 통한 영혼 구원에 있었다. 특히 한국 교회는 하나님을 구체적인 역사와는 관계없는 인간 영혼 구원의 하나님으로 이해해 왔고 아직도 영(靈)과 육(肉), 신앙과 삶, 교회와 사회를 이분법적으로 단절하는 사고를 충분히 극복하지 못하고 있다. 이런 상황에서 하나님이 구체적인 역사 안에 내주하며, 또한 인간(피조세계)의 응답에 의존하고 있음을 말하는 과정 신학은 이런 이분법적 사고를 극복할 이론적 근거를 제공할 수 있다. 실상 한국 교회 안에는 역사의 주관자로서의 하나님을 말하는 오랜 전통이 있었으니, 1780년에 복음이 처음으로 전파된 이후 많은 로마 가톨릭 교인들은 그것을 사회·정치적으로 이해한 결과 박해받고 순교하였다. 또한 개신교인들도 복음이 말하는 해방을 영적인 것뿐 아니라 정치적 해방으로 해석했기에 일본의 식민 통치 아래에서 독립 운동에 참여하였고, 1970년대와 1980년대의 인권 운동과 민주화 및 통일 운동에도 적극 동참하였다. 과정 신학은 우리의 지극히 작은 선택과 결단이 이 땅에 하나님의 나라를 세우는 데 바로 연결되어 있음을 말함으로써 우리로 하여금 역사에 대한 진지한 책임의식을 갖도록 도전하고 있다고 할 것이다.

생태계 신학 : 생명의 하나님

생태계 신학은 기술 문명의 발달로 인한 자연 파괴와 인간 삶의 상실에 대한 신학적 응답으로 시작된 다분히 최근에 일어난 신학이다(생태계 신학은 생태계의 위기가 본격적으로 거론된 1980년대부터 연구되기 시작하였다). 대표적 생태계 신학자로서는 로마 가톨릭의 토마스 베리(Thomas Berry), 로즈마리 류터(Rosemary Radford Ruether), 개신교의 존 캅(John Cobb, Jr), 셀리 맥페그(Sallie McFague) 그리고 보다 통속적인 형태의 매튜 폭스(Matthew Fox) 등을 들 수 있다.

생태계 신학의 특징

인간 중심적 신학에 대한 비판 : 대체적으로 볼 때 서구 신학은

예언자적인 생태 신학자
토마스 베리 신부.

하나님과 인간의 관계에 집중해 왔다. 즉, 그것은 주로 죄인 된 인간이 어떻게 의로우신 하나님 앞에서 의롭다 함을 받을 수 있는가 하는 인간 구원의 문제를 다루는 구속 신학(redemptive theology)이었다. 여기에서 자연과 다른 생명체들은 신학의 주제로 간주되지 않거나 기껏해야 바르트 신학에서처럼 단지 인간 구원의 배경 정도로 이해되었다.

하지만 생태계 신학은 하나님에게는 생명체들이 유용성 때문이 아니라 그 자체로서 가치와 존엄성을 가짐을 강조한다. 특별히 인간이 창조되기 전에 이미 동물들이 창조되어 하나님의 축복을 받았으며, 노아의 홍수 때 동물도 구원을 받았음을 지적하면서, 하나님의 사랑과 구원의 대상은 모든 생명들이라는 점을 말한다. 즉, 생태계 신학은 그동안의 신학이 지나치게 인간 중심적이었다고 비판하면서 신학의 대상을 인간에서 세계 전체로 옮기고자 하며, 이 점에서 전통적인 구속 중심의 신학(redemption-centered theology)에서 벗어나 창조 중심의 신학(creation-centered theology)을 전개한다.

살아 있는 유기체로서의 자연 : 근대의 인간 중심적 사고는 자연을 사람들의 필요를 위해 사용할 수 있는 거대한 물질 덩어

리처럼 보았다. 근대의 철학자 데카르트에 따르면 자연은 하나의 기계에 불과하였으며, 식물과 동물도 마찬가지였다. 그는 동물들의 비명소리는 마치 기계의 삐걱거리는 소리와 같을 뿐, 동물들이 고통을 느낀다거나 어떤 슬픔의 정조를 가질 수 있다는 생각은 인간의 감정을 주입한 것에 불과하다고 보았다. 자연이 이처럼 인간의 필요를 채워주는 하나의 물질 덩어리로 이해될 때 자연에 대한 무자비한 약탈은 쉽게 정당화될 수밖에 없다.

하지만 생태계 신학은 자연을 살아 숨 쉬는 하나의 통일된 생명체로 이해한다. 이 신학에 의하면 자연은 그 전체로서 숨쉬고, 움직이며, 성장·변화·쇠퇴해 가는 생명체와 같기 때문에, 우리는 이 전체로서의 지구와 그 안의 생명 보존을 위해 힘써야 한다. 자연을 하나의 살아 있는 생명체로 보는 이런 입장은 특히 제임스 러브록(James Lovelock) 등이 주장한 가이아 가설(Gaia hypothesis)에서 분명히 나타난다. 그리스 신화에 나오는 지구의 모든 생명들을 먹이고 키우는 여신 가이아에 근거한 이 가설은 지구 전체를 하나의 살아 있는 생명체로 본다. 러브록이나 마르글리스에 의하면 바다, 토양, 대기, 숲, 그 안의 각종 동물과 식물을 포함하는 지구는 단순히 생명체가 살수 있는 환경을 제공하는 물질 덩어리가 아니라 그 자체로 하나의 거대한 생명체이다. 가령 숲은 지구의 폐와 같고 토양과 대기, 바다는 그 몸과 같다. 그 안의 동식물들은 모두 한데 어울려 이 거대한 생명체를 계속 살게 만들며 변화시켜 나간다.

이들은 오랜 세월에 걸친 지구의 진화와 현재의 생태계적 균형을 생각해 볼 때, 전체로서의 지구체계는 하나의 살아 있는 유기적 생명체로 이해될 수 있다고 주장한다. 물론 생태계 신학자들 모두가 가이아 이론을 받아들이는 것은 아니지만 적어도 그것이 말하는 생명체들의 상호 의존성 및 자연의 일부로서의 인간이라는 사상은 널리 인정받고 있다.

환경 친화적인 전통의 발굴 및 창조 : 많은 환경론자들은 오늘의 환경 위기의 원인을 지난 300여 년 동안의 근대 서구의 기계론적 세계관, 인간 중심주의, 영과 육에 대한 이원론적 분리에서 찾으며 그 정신적인 뿌리에 유대-기독교가 있다고 주장해 왔다. 가령 미국의 역사학자 린 화이트는 「우리의 생태계 위기의 역사적 근원 The Historical Roots of Our Ecological Crisis」(1967)이라는 논쟁적인 논문에서 자연에 대한 그리스도교의 물질적 관점과 인간 중심주의적 세계관이 오늘날의 환경 파괴와 생태계의 위기를 가져왔기 때문에 그리스도교는 환경 파괴에 대해 큰 죄의식을 가져야 할 것이라고 주장하였다. 역사학자 아놀드 토인비 역시 인류가 자연에 대해 가졌던 유익한 외경심이 이스라엘에서 발원한 유대교, 그리스도교 그리고 회교에 의해 추방당해버렸다고 하였다.

생태계 신학자들은 이런 비판을 일면 인정한다. 하지만 이들은 오늘날의 자연 파괴의 주범은 기독교 정신이 아니라, 인간 욕망의 왜곡과 소비적 세계관을 형성시킨 근대의 과학 문명과 인간 중심주의라고 본다. 즉, 환경의 위기는 성서의 가르침의 결과가 아니라 하나님으로부터 인간이 분리된 결과라고 보는 것이다. 이들은 성경과 기독교 전통이 제대로 이해되기만 하면 거기에는 자연 친화적이며 친생태계적인 메시지가 풍부하게 발견된다고 보아 교회의 지난 역사 속에서 환경 친화적인 전통을 찾으려고 시도하며, 또한 그런 신학 전통을 새롭게 만들려고 노력하고 있다.

이처럼 생태계 신학은 오늘의 환경 파괴 현실에서 출발했으며, 성서와 기독교 전통에서 환경 친화적 정신을 되찾고, 또한 새로운 환경 친화 전통을 창조하려는 신학적 노력이다. 생태계 신학은 오늘날의 어떤 신학 못지않게 앞으로도 계속해서 신학계의 중심적 화두로 논의될 것이다. 이는 이 신학이 환경 오염과 그로 인한 생명계의 소멸이란 심각한 문제와 연결되어 있기 때문이다. 우리나라의 경우에도 가톨릭과 개신교라는 교단 차이 또는 신학적 입장 차이에 관계없이 오늘날 가장 진지하게 논의되는 신학이 바로 이 생태계 신학을 포함한 생명 신학이 아닌가 싶다. 앞으로의 한국 교회 안에 생명의 가치를 존중하고 모두가 다함께 살아가는 생명 운동이 일어나서, 그것이 창조적인 생명 신학의 모습으로 계속 발전되기를 기대해 본다.

에필로그

지금까지 우리는 20세기 전반기의 칼 바르트와 폴 틸리히 그리고 디트리히 본회퍼의 신학을 살펴보았으며, 그 이후 20세기 후반기의 주요한 신학적 특징과 그 대표적인 신학으로서 해방 신학, 과정 신학, 생태계 신학을 훑어보았다.

21세기의 벽두에 선 지금 세계 신학은 과연 어디로 갈 것이며, 그 가운데 한국 신학이 가야 할 방향은 어디인가? 지금까지의 논의에 근거하여 다음의 몇 가지를 지적하고자 한다. 첫째, 신학은 앞으로 더욱 다양화되고 복잡해질 것이다. 통일된 보편적 신학체계를 구성하기란 사실상 불가능해지고, 대신 각자의 구체적인 상황을 반영하는 다양한 지역 신학들이 계속 나타날 것이다. 이런 상황 속에서 한국의 신학계는 한편으로는 세계 신학과 교류하면서도 동시에 한국의 전통과 현재의 구체적인 상황을 제대로 반영하는 신학을 형성하기 위해 노력해야 할 것이다. 그동안의 한국 신학계는 한편으로는 개혁주의 신학이란 이름의 전통적 보수신학이, 다른 한편으로는 유럽이나 북미의 신학 혹은 남미의 해방 신학 등의 수입 신학이 주도하였다. 하지만 세계의 신학들이 각자 나름의 지역 신학을 형성해 가는 지금, 한국의 신학 역시 진정으로 한국적인 신학, 곧 횡적으로는 현재 한국 사회의 정치·경제·문화에 대한 분석과 종적으로는 역사 속에서 한국의 정신구조를 만들어 온 종교와 문화의 분석 사이의 교차점에 서서 2천여 년 기독교 전통을 총체적으로 살피는 가운데 오늘 우리에게 필요한 것을 찾아내어 창조적으로 종합하는 신학이 되어야 할 것이다.

둘째, 신학의 지역화로 인해 신학들 사이의 고립은 더욱 커지며, 이로 인해 지역 신학들 사이에 대화의 필요성이 더욱 요청될 것이다. 또한 이런 대화가 진행되면 될수록 정녕 기독교적 신학은 무엇이며, 또 어떻게 전개되어야 하는가 하는 신학의 본질과 방법론에 대한 질문이 심각하게 제기될 것이다. 이런 상황 속에서 한국의 신학계 역시 한국의 상황과 기독교 전통 사이의 건강한 긴장을 유지하며 기독교적 정체성과 상황적 적합성을 같이 갖춘 신학을 형성하기 위해 노력해야 할 것이다. 그것은 지극히 한국적 신학이 되어야 할 것이나, 동시에 기독교 전통에 깊이 뿌리박고 세계 교회의 신학 운동들과의 대화를 통해 계속 자기를 변혁하는 신학이 되어야 할 것이다.

셋째, 신학의 구체성, 세계 연관성에 대한 관심이 더욱 커질 것이다. 세계의 신학은 종래의 상아탑 안의 신학, 소수 엘리트의 신학에서 벗어나, 교회와 세상 속의 구체적인 삶에서 힘을 얻고 그것을 신학화 하는 방향으로 나아갈 것이다. 이미 서구의 많은 신학교는 파트타임으로 공부하는 평신도들, 특히 여성들에 의해 채워지고 있으며, 그 수는 점점 더 증가하고 있다. 이들의 등장은 신학의 대중화와 구체화를 앞당길 뿐 아니라 교회의 리더십에도 영향을 주어 교회의 사역과 구조를 크게 변화시킬 것이다. 이런 상황에서 한국의 신학 교육 역시 신학생들뿐 아니라 일반 교인들의 신학적 수준을 끌어올리고 그들의 지적 요구에 부응하도록 바뀌어 가야 할 것이다.

넷째, 신학에서 이론적 탐구와 영성적 실천 사이의 통합이 가속화될 것이다. 현대 세계는 근대 서구의 기계적, 합리적, 객관적인 세계 이해를 넘어 유기적, 초합리적, 주관적인 세계 이해로 이행하고 있는 가운데, 곳곳에서 영적 현상에 대한 관심이 고조되고 있다. 오늘날은 책, 텔레비전, 영화, 음악, 연극 등 거의 모든 것들이 영적인 소재를 다루어야만 팔릴 정도로 영적 실재에 대한 관심이 성황을 이루고 있다. 하지만 최근의 이런 영적 경험에 대한 추구는 소비주의적인 행태로 전락할 가능성이 아주 높다. 이런 상황 속에서 신학은 다양한 영적 경험을 분별하고 올바른 방향으로 인도하는 길잡이 역할을 해야 할 것이다. 성경은 "영을 다 믿지 말고 영들이 하나님에게 속했는가 시험해 보라"(「요한일서」 4 : 1)고 말한다. 여기에서 기독교적 영성은 무엇보다 기독론적(christological)이며 성육신적(incarnational) 영성이라는 점이 중요하다. 기독교적 영성은 이 땅에 온전한 인간으로 오시고 온전한 인간의 삶을 사심으로 전 인류의 구원자가 되신 예수를 그리스도로 믿는 믿음에 근거해 있으며, 이 점에서 그것은 이웃과 사회, 국가, 세계, 자연에 확장되는 영성, 곧 이웃 사랑, 역사에 대한 책임, 이 땅의 정의, 평화, 자유, 그리고 온 자연계의 보존과 유지를 지향하는 '세상적 영성(a worldly spirituality)'이다. 따라서 개인의 내적 심령의 고양에만 초점을 맞추는 영성 운동은 비기독교적이다. 정녕 예수님의 삶의 목표는 이 땅 한가운데 하나님의 나라를 이루는 것이었으니, 그에게 있어서 기도와 사회적 행위는 결코 분리되지 않고 연결되어 있었다. 예수님은 참된 신비가(true mystic)였기에 세상을 근본적으로 변화시킨 진정한 혁명가(true revolutionary)가 될 수 있었다. 정녕 전 유엔 사무총장 함마슐트의 말처럼 우리 시대의 거룩의 길이 필연적으로 행동의 세계를 통해 이루어질 수밖에 없다면, 이 시대의 한국 신학은 수많은 영적 경험과 현상들을 제대로 분별할 기독론적이고 성육신적이며 '세상적인' 영성 신학을 형성할 필요가 있다. 그것은 신학자뿐 아니라 교회 공동체에 속해 있는 모든 그리스도인들이 함께 이루어 가야 할 시대적 사명일 것이다.

┌─ **현대 신학 이야기**

초판발행 2004년 2월 25일 | 3쇄발행 2009년 7월 1일
지은이 박만 | 펴낸이 심만수 | 펴낸곳 (주)살림출판사
펴낸이 심만수 | 펴낸곳 (주)살림출판사
출판등록 1989년 11월 1일 제9-210호

주소 413-756 경기도 파주시 교하읍 문발리 파주출판도시 522-2
전화번호 영업·(031)955-1350   기획편집·(031)955-1357
팩스 (031)955-1355
이메일 book@sallimbooks.com
홈페이지 http://www.sallimbooks.com

ISBN 89-522-0199-X 04080
      89-522-0096-9 04080 (세트)

값 9,800원